reinhardt

Eltern-ratgeber

Caroline Tost

Ein Kind mit geistiger Behinderung begleiten

Praktische Tipps für Eltern und Familien

Ernst Reinhardt Verlag München

Inhalt

1 Zu Beginn

Wenn bei einem Kind eine geistige Behinderung festgestellt wird, führt das zu einer großen Verunsicherung. Alle Wünsche und Hoffnungen, die die Eltern für ihr Kind und die Familie hatten, scheinen sich urplötzlich in Luft aufzulösen. Viele offene Fragen stehen im Raum. Und viel zu oft werden die Eltern mit diesen Fragen allein gelassen. Obwohl weltweit etwa 1–3 % aller Kinder von einer geistigen Behinderung betroffen sind, bleiben die Kinder und ihre Familien in der Gesellschaft weitgehend unsichtbar. Beratungsangebote und Informationsmaterial sind rar gesät. Viele Eltern fühlen sich mit ihren Problemen alleingelassen.

Durch meine Tätigkeit als Psychologin in einem Sozialpädiatrischen Zentrum (SPZ) lernte ich zahlreiche Kinder mit geistiger Behinderung und ihre Familien kennen. Die Fragen, die sich bei der Diagnosemitteilung und im Behandlungsverlauf stellten, waren oft dieselben: Was bedeuten der IQ-Wert und die Diagnose Intelligenzminderung? Welche Therapien braucht mein Kind? Wie gehen wir mit herausfordernden Verhaltensweisen um? Welche sozialen Hilfen stehen uns zu? Wie können wir Angst und Trauer überwinden und unser Kind so annehmen, wie es ist?

Nicht jede dieser Fragen kann direkt beantwortet werden. Jedes Kind ist anders. Doch es gibt Ideen und Strategien, die vielen Familien helfen. Diese möchte ich Ihnen hier an die Hand geben. Im ersten Teil des Buches erhalten Sie kurz und verständlich Fachwissen zur Diagnose Intelligenzminderung. Dieses wird Ihnen helfen, Gespräche mit ärztlichen und therapeutischen Fachkräften besser zu verstehen und geeignete Therapieziele für Ihr Kind zu vereinbaren. Der zweite Teil des Buches widmet sich den Fördermöglichkeiten für Ihr Kind in vielen verschiedenen Bereichen. Praktische Fallbeispiele und Tipps sollen Ihnen als Inspiration dienen, um das Alltagsleben mit Ihrem Kind noch besser zu gestalten. Der dritte Teil des Buches widmet sich der gesamten Familie. Das Leben mit einem Kind mit geistiger Behinderung ist für alle Familienmitglieder eine riesige Herausforderung. Hier erfahren Sie, wie Sie mit der einschneidenden Diagnose umgehen und wie die gesamte Familie neue Stärke und Zuversicht gewinnt.

Das Buch ist so gegliedert, dass man es gut von vorn nach hinten lesen kann. Wer möchte, kann es jedoch auch wie ein buntes Buffet betrachten: Je nach Bedürfnis greifen Sie sich das Häppchen heraus, das Sie gerade brauchen. Damit Sie schneller zum Ziel gelangen, finden Sie am Ende ein Sachregister mit wichtigen Schlagwörtern.

Dieses Buch richtet sich an alle Menschen, die sich für Kinder mit geistiger Behinderung interessieren, diese betreuen, begleiten oder fördern. Es richtet sich ausdrücklich an Menschen aller Geschlechter, weshalb ich mich für eine geschlechtsneutrale Schreibweise entschieden habe. Vielleicht werden Sie dadurch einige neue oder weniger bekannte Begriffe kennenlernen. Nur bei einigen rechtlich geschützten Berufsbezeichnungen verwende ich die weiblichen und männlichen Formen. Auch hier sind jedoch stets Angehörige aller Geschlechter gemeint.

Alle Fallgeschichten und die Namen der Kinder sind frei erfunden. Sollten die Eltern der von mir behandelten Kinder dennoch Ähnlichkeiten entdecken, so ist dies nicht beabsichtigt.

Ich wünsche Ihnen viel Freude beim Lesen und verbleibe mit den besten Wünschen für Ihre Familie!

Caroline Tost
im Juni 2023

2 Was bedeutet die Diagnose Intelligenzminderung? – Fachwissen für Eltern

In diesem Kapitel erfahren Sie, was die Begriffe Intelligenzminderung und geistige Behinderung bedeuten, welche Entwicklungsstörungen damit einhergehen und wie psychologische Fachkräfte den Intelligenzwert messen. Zudem erhalten Sie Informationen über mögliche Ursachen der Beeinträchtigung. Am Ende folgen einige Gedanken zum Nutzen und den Grenzen der Diagnose „geistige Behinderung".

Intelligenz, Intelligenzminderung, geistige Behinderung – einige Begriffserklärungen zu Beginn

Beispiel

Emil (5 Jahre) *ist das erste Kind von Familie Haase. Er war ein sehr pflegeleichtes und ruhiges Baby, das viel schlief. Als Emil im dritten Lebensjahr in den Kindergarten kommt, fällt den Eltern erstmals auf, dass er manche Dinge noch nicht kann, die andere, gleichaltrige Kinder bereits beherrschen. Emil spricht nur wenige Worte, er läuft oft unsicher und zeigt kein Interesse am Malen und Basteln. Es fällt ihm schwer, am Spiel der anderen Kinder teilzunehmen. Auch die Großeltern sagen des Öfteren, dass mit Emil etwas nicht stimmt; was für die Eltern sehr belastend ist. Als Emil mit vier Jahren immer noch deutliche Entwicklungsrückstände aufweist, verschreibt die Kinderärztin eine heilpädagogische Förderung und Logopädie. Die Eltern sind erleichtert. Sie hoffen, dass nun alles gut wird. Doch Emil macht weiterhin nur sehr kleine Entwicklungsfortschritte. Die Kinderärztin empfiehlt einen Intelligenztest bei einem Kinderpsychologen. Der Psychologe ist sehr freundlich. Er stellt den Eltern viele Fragen und führt einen Test mit Emil durch. Hinterher erklärt er den Eltern, dass Emils Ergebnisse im Vergleich zu anderen Kindern „weit unterdurchschnittlich" sind. Es bestehe der Verdacht auf eine „Intelligenzminderung". Die Eltern sind entsetzt. Im Internet finden sie den Begriff „geistige Behinderung". Was bedeutet das? Wird Emil gar nichts lernen können? Kann er überhaupt eine „richtige Schule" besuchen? Und wird er jemals selbstständig werden?*

Wenn bei einem Kind eine geistige Behinderung bzw. eine Intelligenzminderung diagnostiziert wird, erleben viele Eltern eine große Unsicherheit bezüglich der Diagnose. Die meisten Eltern haben schon Menschen mit geistiger Behinderung gesehen und vielleicht auch zu ihnen Kontakt gehabt; doch ist jede

Behinderung anders ausgeprägt, es bleibt unklar, was die Diagnose genau bedeutet. Um mehr innere Sicherheit zu erlangen und sich mit ärztlichen und therapeutischen Fachkräften angemessen austauschen zu können, benötigen Eltern ausreichendes Wissen. Eine erste Einführung in alle wichtigen Begriffe erhalten Sie in den folgenden Abschnitten.

Intelligenz – ein umstrittener psychologischer Begriff

Wissen Sie, was es bedeutet, intelligent zu sein? Natürlich, mögen Sie denken. Und vielleicht haben Sie das Bild einer Professorin, eines Erfinders oder einer Unternehmerin vor sich, die innovative Ideen haben und damit Erfolg, Geld und Ansehen erwerben.

Doch wie würden Sie Intelligenz genau definieren? Das ist schon schwieriger, mögen Sie nun denken. Mit diesem Problem sind Sie nicht allein. Tatsächlich gibt es in der psychologischen Forschung bis heute keine einheitliche Definition für den Begriff Intelligenz.

Intelligenz ist eine Umschreibung für die sinnvolle Anwendung von Wissen und die kognitive Leistungsfähigkeit eines Menschen. Hier ein Beispiel für eine Definition:

„Die Fähigkeit zum Benutzen von Wissen, um zu schlussfolgern, Entscheidungen zu treffen, Ereignisse zu erklären, Probleme zu lösen, komplexe Ideen zu verstehen, rasch zu lernen und sich an umweltbezogene Herausforderungen anzupassen.“ (Gazzaniga et al. 2017, 470)

Dies ist jedoch nur *eine* Definition von vielen, es gibt noch weitere. Das liegt daran, dass die Forschenden unterschiedliche Meinungen davon haben, welche Fähigkeiten und Leistungsbereiche zur Intelligenz gehören und welche nicht. Manche bestreiten sogar, dass es so etwas wie die „eine" Intelligenz überhaupt gibt. Ein anderes Problem ist, dass man Intelligenz schlichtweg nicht genau messen kann. Anders als die Größe oder das Körpergewicht eines Menschen können wir Intelligenz nicht mit einem Maßband oder einer Waage bestimmen. Stattdessen müssen psychologische Fachkräfte Intelligenz beobachten, beschreiben und mit speziellen Tests untersuchen. Solche Intelligenztests unterscheiden sich jedoch untereinander. Sie sind fehleranfällig und können verfälscht werden (mehr zum Thema Intelligenztest erfahren Sie in Kap. 2 Beobachten und Testen – Von der Vermutung zur Diagnose).

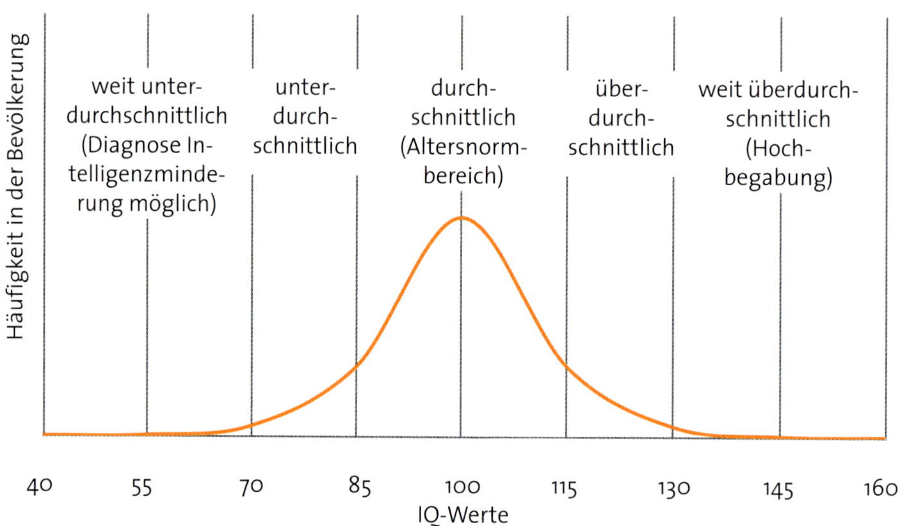

Abb. 1: Die Verteilung der IQ-Werte in der Bevölkerung

Was bedeutet der IQ-Wert?

Um die Intelligenz von einzelnen Personen genauer beschreiben zu können, entwickelten psychologische Fachkräfte den Intelligenzquotienten (kurz: IQ). Der IQ ist ein Vergleichswert, der die Ausprägung der Intelligenz einer Person im Vergleich zur Gesamtbevölkerung beschreibt. Um den IQ-Wert zu berechnen, werden die Ergebnisse einer Person in einem Intelligenztest mit den Ergebnissen einer Normstichprobe von gleichaltrigen Personen verglichen. Liegt eine Person bei diesem Vergleich genau in der Mitte, erhält sie den IQ-Wert 100. Das bedeutet, dass etwa eine Hälfte der Bevölkerung eine niedrigere und die andere Hälfte eine höhere Intelligenz besitzt.

Vergleicht man die Intelligenztestergebnisse einer altersgleichen Bevölkerungsgruppe, so ergibt sich eine glockenförmige Kurve (s. Abb. 1). Wissenschaftlich spricht man von einer „Normalverteilung“. Wie Sie sehen, befinden sich die IQ-Werte der meisten Personen nah an der Mitte der Kurve. Man spricht hier vom durchschnittlichen Bereich bzw. vom Altersnormbereich. Dieser entspricht einem IQ-Wert zwischen 85 und 115. Nur wenige Menschen befinden sich etwas oberhalb der Kurve („überdurchschnittlich“: IQ zwischen 116 und 130) oder leicht unterhalb der Kurve („unterdurchschnittlich“: IQ zwischen 70 und 84). Menschen, die im unterdurchschnittlichen Bereich liegen, haben häufiger Lernschwierigkeiten (früher sprach man auch von einer „Lernbehinderung“). Nur ganz wenige Menschen erzielen Ergebnisse außerhalb der beschriebenen Bereiche. Etwa 2 % aller Menschen besitzen einen IQ über 130 und können somit als hochbegabt bezeichnet werden. Auf der anderen Seite gibt es ca. 2 % der Menschen, die einen IQ-Wert unter 70 erreichen. Sie können die Diagnose Intelligenzminderung bzw. geistige Behinderung erhalten.

Intelligenzminderung – eine medizinische Diagnose

Wenn Sie die Arztbriefe Ihres Kindes lesen, werden Sie als Diagnose eher den Begriff „Intelligenzminderung“ als die Bezeichnung „geistige Behinderung“ finden. Dies ist die offizielle Krankheitsbezeichnung der Weltgesundheitsorganisation (WHO). In der Praxis werden beide Begriffe oft gleichbedeutend verwendet.

Definition

Die WHO definiert die Intelligenzminderung als „eine sich in der Entwicklung manifestierende, stehen gebliebene oder unvollständige Entwicklung der geistigen Fähigkeiten, mit besonderer Beeinträchtigung von Fertigkeiten, die zum Intelligenzniveau beitragen, wie z. B. Kognition, Sprache, motorische und soziale Fähigkeiten." (AWMF online 2021, 18)

Die Diagnosekriterien finden sich im internationalen Diagnosesystem der WHO, der sogenannten ICD-10 („International Statistical Classification of Diseases and Related Health Problems", auf Deutsch „Internationale statistische Klassifikation der Krankheiten und verwandter Gesundheitsprobleme", 10. Version). Mithilfe dieses Systems kodieren ärztliche und psychologische Fachkräfte ihre Diagnosen für die Krankenkassen. Laut ICD-10 sollten für die Diagnose einer Intelligenzminderung folgende **drei Kriterien** erfüllt sein:

1. Ein weit unterdurchschnittlicher Intelligenzwert (IQ unter 70): Zur Bestimmung des IQ-Werts sollte ein standardisierter Intelligenztest verwendet werden. Bei grenzwertigen Ergebnissen (IQ-Wert knapp über oder unter 70) sollten mehrere Testungen erfolgen und ggf. sollte zunächst nur eine Verdachtsdiagnose vergeben werden.

2. Einschränkungen im adaptiven Verhalten: Neben einem weit unterdurchschnittlichen Intelligenzwert bestehen deutliche Defizite bei der Bewältigung alltäglicher Anforderungen. Diese betreffen konzeptionelle Fertigkeiten (z. B. Lesen, Rechnen, Sprache), soziale Fertigkeiten (z. B. Kontaktaufnahme, Spielverhalten) und praktische Fertigkeiten (z. B. Selbstversorgung, Gefahreneinschätzung). Diese sind jeweils im Vergleich zu den durchschnittlichen Fähigkeiten gleichaltriger Kinder zu bewerten.

3. Die Auffälligkeiten bestanden bereits vor dem 18. Lebensjahr: Mit diesem Kriterium wird die Intelligenzminderung von später auftretenden hirnorganischen Erkrankungen abgegrenzt (z. B. einer Demenz). In seltenen Fällen kann eine Intelligenzminderung jedoch auch noch nach dem 18. Lebensjahr diagnostiziert werden.

Ausnahmen und Sonderfälle

Wie Sie bereits sehen konnten, unterliegt die Diagnose einer Intelligenzminderung einigen Unsicherheiten. Intelligenztests weisen Ungenauigkeiten auf und IQ-Werte können sich von Untersuchung zu Untersuchung leicht unterscheiden. Zudem können manche Kinder aufgrund einer stark verzögerten Entwicklung oder zusätzlicher Einschränkungen (z. B. körperliche Behinderung, Sehbehinderung) gar nicht getestet werden. Auch die Einschätzung der adaptiven Fähigkeiten ist sehr subjektiv und hängt davon ab, was Eltern und Betreuende berichten. Das ICD-10 lässt den diagnostizierenden Fachleuten deshalb einige Freiheiten. Letztlich entscheidet der klinische Eindruck der ärztlichen bzw. psychologischen Fachkräfte – also die persönliche Beobachtung des zu beurteilenden Kindes und die Interpretation seines Verhaltens –, ob eine Diagnose vergeben wird oder nicht.

Beispiel

Júlia (12 Jahre) erreicht bei einem Intelligenztest einen IQ-Wert von 68. Die erziehungsberechtigten Großeltern berichten, dass Júlia eine Lernförderschule besucht und dort Noten zwischen 2 und 3 erzielt. Júlia hat mehrere Freundinnen, mit denen sie sich regelmäßig trifft. Zudem singt sie im Jugendchor der Gemeinde. Júlia kann sich alleine waschen und anziehen und einfache Mahlzeiten zubereiten. Aufgrund der altersgerecht entwickelten adaptiven Fähigkeiten vergibt die Psychologin trotz eines IQ-Werts von 68 lediglich eine Verdachtsdiagnose auf Intelligenzminderung. Sie empfiehlt den Großeltern, Júlia vor dem 18. Geburtstag erneut testen zu lassen, um die Diagnose zu festigen oder auszuschließen.

Nils (ebenfalls 12 Jahre) erreicht bei einem Intelligenztest einen Gesamtwert von 71. Die Eltern berichten, dass er nach der dritten Klasse aufgrund unzureichender Leistungen die Lernförderschule verlassen musste und nun eine „Schule mit Förderschwerpunkt geistige Entwicklung" besucht. Nils hat das Lesen erlernt; er kann das Gelesene jedoch nicht verstehen und wiedergeben. Beim Waschen und Anziehen benötigt er stets die Anleitung und Kontrolle der Eltern. Nils traut sich nicht, alleine das Haus zu verlassen, da er sich oft verläuft. Wenn er mit anderen Kindern spielen möchte, vereinbaren die Eltern das Treffen und begleiten ihn. Aufgrund der vielfältigen Einschränkungen im alltäglichen Leben vergibt der Psychologe die Diagnose „Intelligenzminderung", obwohl der IQ-Wert leicht über 70 liegt.

Was bedeutet die Kodierung?

Damit ärztliche und psychologische Fachkräfte ihre Leistungen bei der Krankenkasse abrechnen können, müssen sie ihre Diagnosen mit einem Code nach ICD-10 kennzeichnen. Betrachten wir als Beispiel den Code F70.0G. Das „F" bezeichnet das übergeordnete ICD-10-Kapitel der „Psychischen und Verhaltensstörungen". Die „7" steht für das Kapitel der Intelligenzstörungen. Es beginnen also alle Diagnoseschlüssel für Intelligenzminderungen mit „F7". Die darauffolgende Ziffer bezeichnet den Schweregrad der Intelligenzminderung. Die „0" in unserem Beispiel steht hier für „leichtgradig" (Näheres zur Einteilung der Schweregrade finden Sie weiter hinten in Kap. 2 Schweregrad und Intelligenzprofil). Mit der Zahl hinter dem Punkt wird angegeben, ob zusätzlich zur Intelligenzminderung eine behandlungsbedürftige Verhaltensstörung vorliegt. In unserem Beispiel besagt die „0", dass keine solche Störung vorliegt. Der Buchstabe „G" besagt schließlich, dass die Diagnose „gesichert" ist. Ein „V" bedeutet, dass es sich um eine Verdachtsdiagnose handelt und weitere Untersuchungen notwendig sind. Ein „A" bedeutet, dass die Diagnose ausgeschlossen wurde. In diesem Fall liegt keine Intelligenzminderung vor.

ICD-11:

Das Diagnosesystem ICD wird regelmäßig aktualisiert und angepasst. Gerade wird eine neue Version eingeführt – das ICD-11. Die Intelligenzstörungen werden dort mit dem Code 6A00 verschlüsselt. Bis dieses neue Kodierungssystem in der Praxis angewendet wird, wird es aber noch einige Jahre dauern (AWMF online 2021, 18).

Geistige Behinderung – ein sozialrechtlicher Begriff

Auch wenn der medizinisch korrekte Fachbegriff „Intelligenzminderung" heißt, so wird im Alltag häufig von „geistiger Behinderung" gesprochen. Dieser Begriff entstammt der pädagogischen Forschung und dem Sozialrecht. Er hat sich im Sprachgebrauch durchgesetzt. Laut SGB IX, § 2 Abs. 1 Satz 1 gelten Menschen als behindert, „wenn ihre körperliche Funktion, geistige Fähigkeit oder seelische Gesundheit mit hoher Wahrscheinlichkeit länger als sechs Monate von dem für das

Lebensalter typischen Zustand abweichen und daher ihre Teilhabe am Leben in der Gemeinschaft beeinträchtigt ist." (AWMF online 2021, 18) Menschen mit geistiger Behinderung sind demnach Personen, die aufgrund von Defiziten in der Intelligenzentwicklung in ihrer Teilhabe am gesellschaftlichen Leben beeinträchtigt sind und Anspruch auf besondere Unterstützung haben.

Der Begriff geistige Behinderung wurde 1958 durch die damals begründete „Lebenshilfe für das geistig behinderte Kind" entwickelt, um veraltete Bezeichnungen wie „Idiotie" oder „Debilität" zu ersetzen (Biewer / Koenig 2019, 37). Auch für die geistige Behinderung gibt es keine einheitliche Definition. Heutzutage vertreten viele Forschende zudem eine ganz neue Ansicht: Nicht der Mensch selbst ist es, der „behindert" ist. Vielmehr sind es die gesellschaftlichen Bedingungen, die diesen Menschen an seiner Teilhabe „behindern". Eine besonders anschauliche Beschreibung der geistigen Behinderung liefert Barbara Senckel (2017, 23):

„Ein Mensch mit Intelligenzminderung ist in der Fähigkeit beeinträchtigt, Reize, die er aus der Umwelt oder seinem Körperinneren aufnimmt, in sinnvolle Informationen umzuwandeln und angemessen darauf zu reagieren. Es fällt ihm schwerer als einem ‚normal Begabten' […], seine Wahrnehmungen zu organisieren und zu verstehen, Handlungen zu planen und durchzuführen, den Erfolg zu bewerten und aus seinen Erfahrungen zu lernen, also sein Verhalten bei Misserfolg zweckmäßig abzuwandeln. Konkret bedeutet das: Ein geistig behindertes Kind braucht viel länger, um elementare Zusammenhänge zu erfassen und Handlungsabfolgen zu begreifen."

Wer ist betroffen?

Laut verschiedenen Studien haben etwa 0,6 % bis 3 % aller Menschen eine geistige Behinderung. Männer sind etwas häufiger von Intelligenzminderungen betroffen als Frauen (AWMF online 2021, 12). Als Ursache hierfür wird u.a. das männliche Geschlechtschromosom (Y-Chromosom) angesehen, welches Gendefekte auf dem weiblichen X-Chromosom nicht ausgleichen kann.

Welche Bezeichnung sollten wir verwenden?

Bei dieser Vielzahl von Begriffen haben Sie sich vielleicht bereits gefragt, welches denn nun die korrekte Bezeichnung für die Besonderheit Ihres Kindes ist. Neben der unklaren Definition der Begriffe gibt es das Problem, dass einige Bezeichnungen als diskriminierend empfunden werden. Manche Eltern und Betroffene empfinden bereits den Begriff „geistige Behinderung“ als abwertend und benutzen stattdessen lieber Bezeichnungen wie „besonders“, „beeinträchtigt“ oder „Kind mit Handicap“. Andere Eltern verwenden lieber die Bezeichnung „geistige Behinderung“, da diese die Schwere der Einschränkungen ihres Kindes besser verdeutlicht. Welche Umschreibung Sie nutzen wollen, können und müssen Sie selbst entscheiden.

Eine ausführliche Erläuterung und Diskussion der einzelnen Begrifflichkeiten find Sie unter https://de.wikipedia.org/wiki/Geistige_Behinderung#Alternativen_f%C3%BCr_den_Begriff_%E2%80%9Egeistig_Behinderte%E2%80%9C,_Interpretations-_und_Zuordnungsprobleme.

In eigener Sache: Weshalb ich von „Kindern mit geistiger Behinderung" spreche

Ich persönlich benutze die Begriffe geistige Behinderung und Intelligenzminderung weitgehend gleichbedeutend und verwende sie in diesem Buch der besseren Lesbarkeit wegen abwechselnd. Es ist mir bewusst, dass der Begriff „geistige Behinderung" nicht mehr unbedingt zeitgemäß klingt und von einigen Menschen als unpassend empfunden wird. Ich benutze ihn jedoch, da ich keinen besseren Begriff finden konnte, der von allen Menschen verstanden wird und der dem Schweregrad der Einschränkungen durch eine Intelligenzminderung gerecht wird. Wichtig ist mir, nicht von „den Behinderten", sondern von „Menschen mit Behinderung" zu sprechen. So wird deutlich, dass die Behinderung nur eines von vielen Merkmalen ihrer Gesamtpersönlichkeit ist.

Entwicklungsstörungen – erste Anzeichen für eine Intelligenzminderung

Die wenigsten Eltern wissen bereits bei der Geburt ihres Kindes, dass dieses eine geistige Behinderung entwickeln wird. Die Diagnose einer Intelligenzminderung ist meist das Ende eines langen Diagnostikprozesses. Viele Eltern erleben geradezu eine Odyssee von Terminen bei Fachärztinnen und -ärzten, Untersuchungen und Tests, bis eine Diagnose feststeht. Den Eltern fallen zunächst meist gewisse Verzögerungen in der Entwicklung ihres Kindes auf. Diese betreffen nicht nur die kognitive Entwicklung, sondern auch andere Bereiche wie die Motorik, die Sprache und die sozialen Fähigkeiten des Kindes. Eine geistige Behinderung zeigt sich im Kindesalter zunächst in Form eines Entwicklungsrückstands gegenüber altersgerecht entwickelten Kindern. Dieser beträgt anfangs nur einige Monate oder Jahre. Je älter das Kind wird, desto größer und auffälliger wird jedoch der Abstand zu gleichaltrigen Kindern. Mit Erreichen des Erwachsenenalters bleibt dann ein gewisser Entwicklungsrückstand bestehen.

Im Folgenden lernen Sie einige typische Verhaltensweisen im **Kindergarten- und Vorschulalter** kennen, die auf eine starke Entwicklungsverzögerung im Sinne einer Intelligenzminderung hinweisen können. Diese müssen nicht bei jedem Kind auftreten; sie werden in der Praxis jedoch häufig beobachtet. Vielleicht finden Sie Ihr eigenes Kind in einigen Beispielen wieder.

Spielen: Das Kind spielt nicht mit altersgerechten Spielsachen, sondern bevorzugt Spielsachen für kleinere Kinder. Es hantiert mit Bauklötzen, Autos oder Steckspielzeug. Spielsachen für Kinder seines Alters nutzt es zweckentfremdet. Zum Beispiel spielt es mit dem Puppenhaus keine Rollenspiele, sondern stapelt die Möbel übereinander oder reiht die Püppchen in einer Reihe auf.

Kontakt zu anderen Kindern: Das Kind meidet größere Kindergruppen. Wenn mehrere Kinder zusammen sind, sucht es eher Kontakt zu deutlich jüngeren Kindern, beobachtet diese oder spielt neben ihnen. Um mit gleichaltrigen Kindern in Kontakt zu treten und an Gruppenaktivitäten teilnehmen zu können, benötigt es die Hilfe einer erwachsenen Bezugsperson.

Sprache: Das Kind beginnt verspätet zu sprechen und macht nur geringe Fortschritte. Es fällt ihm schwer, die Regeln der Grammatik und des Satzbaus korrekt anzuwenden, und es kann sich nur wenige neue Wörter merken. Es wiederholt oft, was andere sagen (Echolalie) und benutzt immer wieder dieselben Phrasen (z. B. „Das ist ja ein Durcheinander.“).

Körpermotorik: Die motorische Entwicklung ist verzögert. Das Kind krabbelt spät und lernt erst spät zu laufen. Es zeigt Probleme mit dem Gleichgewicht und der Koordination. Das Kind erlernt erst spät mit dem Roller, Laufrad oder Fahrrad zu fahren. Es benötigt hierzu sehr viel Zeit zum Üben.

Alltägliche Abläufe: Das Kind fordert immer die gleichen Alltagsroutinen ein und ist dabei weniger flexibel als andere Kinder seines Alters. Es ist verwirrt und stark verunsichert, wenn sich alltägliche Abläufe ändern. Besondere Tage wie Weihachten, Geburtstag oder Fasching lösen Angst oder widerwilliges Verhalten aus.

Konzentration und Aufmerksamkeit: Das Kind kann sich nur sehr kurz konzentrieren. Es ist unruhig, läuft viel umher und wechselt oft zwischen verschiedenen Spielen. Es fällt ihm schwer, am Tisch sitzenzubleiben. Wenn es Aufgaben erfüllen soll, erschöpft es schnell oder verweigert die Mitarbeit.

Handlungsplanung: Das Kind zeigt wenig Eigeninitiative und Kreativität. In Kindergruppen bringt es selten Spielideen ein und macht meist nach, was die anderen Kinder vormachen. Es fällt ihm schwer, mehrteilige Handlungen selbstständig auszuführen. Hierzu benötigt es eine schrittweise Anleitung einer erwachsenen Bezugsperson (z. B. beim Anziehen und Zähneputzen).

Schulnahe Fähigkeiten: Das Kind zeigt auch im Alter von sechs bis sieben Jahren noch wenig Interesse an Buchstaben und Zahlen. Farben und Formen kann es noch nicht korrekt benennen oder verwechselt und vergisst diese häufig. Bei schulvorbereitenden Aktivitäten im Kindergarten ist es schnell überfordert.

Gedächtnis: Das Kind kann sich nur schwer neue Inhalte merken. Wichtige Informationen müssen häufig wiederholt werden.

Malen: Das Kind zeigt lange Zeit wenig Interesse am Malen und anderen feinmotorischen Tätigkeiten. Es kritzelt nur Striche und Kreise und zeichnet erst spät erkennbare Figuren (z.B. einen Kopffüßler).

Nicht immer treten alle beschriebenen Entwicklungsstörungen bei einem Kind mit geistiger Behinderung auf. Jedes Kind hat Stärken und Schwächen. Wenn viele der Punkte zutreffen, können sie jedoch ein Hinweis auf eine Intelligenzminderung sein.

Beobachten und Testen – von der Vermutung zur Diagnose

Wenn bei einem Kind starke Entwicklungsauffälligkeiten beobachtet werden, sollte eine standardisierte ärztliche und psychologische Diagnostik erfolgen. Häufig sind es zunächst die Eltern selbst, denen auffällt, dass ihr Kind viele Dinge noch nicht kann, die gleichaltrige Kinder bereits beherrschen. Erster Anlaufpunkt ist dann die kinderärztliche Fachkraft; danach können weitere Fachleute hinzukommen.

Das Sozialpädiatrische Zentrum (SPZ)

Besonders geeignet für die Diagnostik von Entwicklungsstörungen und Intelligenzminderungen bei Kindern sind Sozialpädiatrische Zentren, die es in fast allen deutschen Regionen gibt. Ein interdisziplinäres Team aus ärztlichen, psychologischen und therapeutischen Fachkräften kann dort Ihr Kind untersuchen, Diagnosen stellen und gegebenenfalls Therapievorschläge machen. Die Intelligenztestung wird üblicherweise von einer psychologischen Fachkraft durchgeführt und danach ausführlich mit Ihnen ausgewertet. Scheuen Sie sich nicht, alle Fragen zu stellen, die Ihnen durch den Kopf gehen.

Hier können Sie ein SPZ in Ihrer Nähe finden: https://www.dgspj.de/institution/sozialpaediatrische-zentren/

Bei manchen Kindern steht bereits vor oder kurz nach der Geburt fest, dass sie wahrscheinlich eine geistige Behinderung entwickeln werden. Dies gilt insbesondere bei bekannten genetischen Syndromen (z.B. Down-Syndrom, Williams-Beuren-Syndrom). Dennoch sollte im Laufe der Entwicklung unbedingt eine psychologische Intelligenztestung erfolgen. Erst danach kann die Diagnose Intelligenzminderung sicher vergeben werden. Zudem erfahren die Eltern etwas über den Schweregrad der Intelligenzminderung sowie die individuellen Stärken und Schwächen ihres Kindes.

Wie wird eine Intelligenztestung durchgeführt?

Intelligenztests für Kinder sind spielerisch gestaltet und beziehen sich auf Themen aus der kindlichen Erfahrungswelt (z.B. Tiere, Familie, Kindergarten). Typische Aufgaben sind Fragen zum Allgemeinwissen, Logikrätsel, Puzzles, Merkaufgaben und Zeichenaufgaben zur Erfassung der Verarbeitungsgeschwindigkeit. Bei der Testung zur Überprüfung einer Intelligenzminderung sollten laut Leitlinien (AWMF online 2021) einige **wichtige Standards** eingehalten werden:

1. **Die Testung erfolgt in einer Eins-zu-eins-Situation mit der psychologischen Fachkraft:** Nur wenn diese Ihr Kind während der gesamten Testung genau beobachtet, kann das Intelligenzniveau sicher eingeschätzt werden. Die psychologische Fachkraft sollte darauf achten, ob das Kind sein volles Potenzial gezeigt hat oder ob die Leistung durch Verweigerungsverhalten, Konzentrationsprobleme oder sprachliche Barrieren beeinflusst wurde. Gruppentestungen und computerbasierte Intelligenztests sind bei Kindern mit Verdacht auf Intelligenzminderung ungeeignet.

2. Die psychologische Fachkraft verfügt über ausreichende Erfahrung bei der Intelligenztestung von Kindern mit Beeinträchtigung: Sie muss fähig sein, das Kind während der Testung effektiv zu lenken. Gleichzeitig muss sie emotionale und Verhaltensbesonderheiten berücksichtigen, auf diese (z.B. Angst, Unlust) eingehen und über ausreichende Erfahrung in der Auswertung und Interpretation von Intelligenztestergebnissen verfügen.

3. Es sollte ein messgenauer und aussagekräftiger Intelligenztest verwendet werden: Der Test sollte mehrere Intelligenzbereiche erfassen und über ausreichende Gütekriterien verfügen. Die Normwerte sollten nicht älter als zehn Jahre sein. Laut den Leitlinien zur Diagnostik einer Intelligenzminderung (AWMF online, 35) werden im Kinderbereich folgende Tests empfohlen (Stand 2022):

- Kaufman Assessment Battery for Children – II (KABC-II)
- Wechsler Preschool and Primary Scale of Intelligence – Fourth Edition (WPPSI-IV)
- Wechsler Intelligence Scale for Children – Fifth Edition (WISC-V)
- Wechsler Adult Intelligence Scale – Fourth Edition (WAIS-IV)

Ist das Kind den Anforderungen dieser Intelligenztests nicht gewachsen, stehen noch weitere Tests zur Verfügung (z.B. Snijders-Oomen Nonverbaler Intelligenztest 2½–7–Revidierte Fassung, SON-R; Wechsler Nonverbal Scale of Ability, WNV). Diese alternativen Tests verfügen jedoch über einige Einschränkungen und sind bezüglich des Gesamt–IQ–Werts weniger aussagekräftig.

Wie oft sollte mein Kind getestet werden?

Ein standardisierter Intelligenztest ist bei Kindern mit Entwicklungsverzögerung meist erst im Alter von vier bis fünf Jahren durchführbar. Zur Absicherung der Diagnose und für Empfehlungen zur Schullaufbahn kann es sinnvoll sein, das Kind im Kindergarten– und Vorschulalter mehrmals testen zu lassen. Damit Erinnerungseffekte nicht das Ergebnis verfälschen und Ihr Kind nicht zu stark belastet wird, sollte eine erneute Testung jedoch frühestens nach zwölf Monaten erfolgen. In höherem Alter können weitere Testungen im Abstand von etwa fünf bis zehn Jahren durchgeführt werden (AWMF online 2021, 37). Dies ist jedoch nur sinnvoll, wenn eine konkrete Fragestellung vorliegt.

Die Bedeutung der Ergebnisse (Schweregrad und Intelligenzprofil)

Nach der Testung berechnet die psychologische Fachkraft den Gesamt-IQ-Wert. Dabei werden alle Testergebnisse des Kindes zusammengefasst und mit einer Stichprobe von Kindern derselben Altersgruppe verglichen. Ein IQ-Wert unter 70 entspricht einem weit unterdurchschnittlichem Ergebnis. In diesem Fall kann die Diagnose Intelligenzminderung vergeben werden. Der Gesamt-IQ-Wert ermöglicht es zudem, den Schweregrad der Intelligenzminderung zu bestimmen. Das Diagnosesystem der WHO beschreibt vier verschiedene Schweregrade (Dilling / Freyberger 2019):

Leichte Intelligenzminderung: Ca. 80 % der Menschen mit geistiger Behinderung haben eine leichte Intelligenzminderung. Sie wird bei einem Intelligenzwert zwischen 50 und 69 vergeben. Im Erwachsenenalter erreichen diese Menschen im Durchschnitt den kognitiven Entwicklungsstand eines etwa neun- bis zwölfjährigen Kindes. Trotz deutlicher Einschränkungen kommen sie im Alltag in vielen Bereichen selbstständig zurecht.

Mittelgradige Intelligenzminderung: Etwa 12 % der Menschen mit geistiger Behinderung haben eine mittelgradige Intelligenzminderung. Dies entspricht einem Gesamt-IQ zwischen 35 und 49. Im Erwachsenenalter verfügen die Betroffenen über ein Entwicklungsalter von etwa sechs bis neun Jahren. Sie sind stärker auf Unterstützung und Betreuung angewiesen. Doch auch sie können alltagspraktische Fertigkeiten erlernen und einer beruflichen Tätigkeit im geschützten Rahmen nachgehen.

Schwere Intelligenzminderung: Die schwere Intelligenzminderung beschreibt einen IQ-Wert zwischen 20 und 34 und betrifft etwa 7 % der Menschen mit geistiger Behinderung. Sie erreichen im Erwachsenenalter in etwa den kognitiven Entwicklungsstand eines drei- bis sechsjährigen Kindes. Sie sind im Alltag meist auf durchgehende Betreuung angewiesen.

Schwerste Intelligenzminderung: Weniger als 1 % aller Menschen mit geistiger Behinderung haben eine schwerste Intelligenzminderung. Dies entspricht einem IQ-Wert unter 20 und einem Entwicklungsalter unter drei Jahren. Die Betroffenen können sich kaum selbst versorgen. Sprache und Mobilität sind stark eingeschränkt. Menschen mit schwerster Intelligenzminderung müssen auch im Erwachsenenalter durchgehend gepflegt und betreut werden.

Die Einteilung der Schweregrade ist fachlich durchaus umstritten, da sie recht willkürlich erscheint und keine starke Aussagekraft bietet. So finden sich die meisten Menschen mit geistiger Behinderung im leichtgradigen Bereich wieder (ca. 80 %). Zudem kann ein Intelligenzwert unter 40 mit den verfügbaren Intelligenztests nicht sicher gemessen werden. Eine Unterscheidung zwischen den Bereichen mittelgradig, schwer und schwerst ist so in der Praxis kaum möglich.

Was bedeutet das Intelligenzprofil?

Stärken und Schwächen kennenlernen

Intelligenztests erfassen üblicherweise verschiedene Intelligenzbereiche (fachsprachlich: Indexwerte). Dazu gehören je nach Test z. B. das Sprachverständnis, das Allgemeinwissen, das logische Denken, das räumliche Vorstellungsvermögen, das Kurz- und Langzeitgedächtnis und die Denkgeschwindigkeit. Trägt die psychologische Fachkraft diese Indexwerte in einer Grafik ab, so entsteht ein Intelligenzprofil. Wenn alle Intelligenzbereiche ungefähr gleich stark ausgeprägt sind, spricht man von einem „homogenen" Profil; gibt es deutliche Unterschiede, wird das Profil als „heterogen" bezeichnet. Viele Kinder weisen ein heterogenes Intelligenzprofil auf. Das bedeutet, sie haben individuelle Stärken und Schwächen. In manchen Bereichen sind sie bereits recht weit entwickelt; bei anderen bestehen deutliche Entwicklungsrückstände.

Damit Sie im Alltag besser auf Ihr Kind eingehen können, ist es hilfreich für Sie, das Profil Ihres Kindes zu kennen. So können z. B. Probleme im Hörgedächtnis durch Lernmethoden ausgeglichen werden, die auch das Sehen miteinbeziehen; oder eine Stärke in der visuell-räumlichen Vorstellungskraft kann genutzt werden, um das Kind in handwerkliche Tätigkeiten einzuführen.

Sonderfall: Was passiert, wenn man das Kind nicht testen kann?

Das Spielverhalten beobachten

Manche Kinder haben eine so starke Entwicklungsverzögerung, dass keine standardisierte Intelligenztestung durchgeführt werden kann. In solchen Fällen sollte die untersuchende Fachkraft flexibel reagieren.

Manchmal ist es möglich, einzelne Teilaufgaben eines Intelligenztests durchzuführen. Alternativ können Entwicklungstests oder Intelligenztests für jüngere Kinder verwendet werden. Die Aussagekraft ist dann jedoch deutlich eingeschränkt und es kann kein Gesamt-IQ-Wert angegeben werden.

Erfahrene Fachleute können die Entwicklung eines Kindes auch klinisch einschätzen. Das bedeutet, die ärztliche oder psychologische Fachkraft beobachtet das spontane Spielverhalten des Kindes und vergleicht es mit dem Spielverhalten altersgerecht entwickelter Kinder. Somit kann das Entwicklungsalter grob geschätzt und ggf. auch eine Diagnose gestellt werden. Um eine solche Einschätzung ohne Test vorzunehmen, benötigt die diagnostizierende Fachkraft sehr viel Erfahrung und es bleibt immer eine gewisse Unsicherheit bestehen. In diesem Fall sollten in den folgenden Jahren erneute Testversuche unternommen werden.

Beispiel

Hanna (5 Jahre) *wird bei einem Psychologen zur Intelligenztestung vorgestellt. Ihrer Mutter sind bereits starke Entwicklungsrückstände aufgefallen. Nachdem die Mutter den Raum verlassen hat, präsentiert der Psychologe Hanna das Testmaterial. Sie soll verschieden geformte Plastikplättchen in Kategorien sortieren. Hanna versteht die Instruktion jedoch nicht. Sie nimmt die Plättchen zunächst in den Mund, schlägt sie gegeneinander und wirft sie dann vom Tisch. Auch andere Aufgaben versteht Hanna nicht. Da sie nur wenige Worte spricht, kann sie die Fragen des Psychologen nicht beantworten. Nach ca. zehn Minuten wird Hanna unruhig und klettert von ihrem Stuhl. Sie sucht sich Bauklötzchen und beginnt diese übereinander zu stapeln. Der Psychologe beobachtet ihr spontanes Spielverhalten und gibt ihr verschiedene Spielanreize (z. B. Steck-Puzzle, Aufziehspielzeug, Musikinstrumente). Im Nachhinein beschreibt der Psychologe Hannas Mutter seine Beobachtungen. Er schätzt das Entwicklungsalter von Hanna grob zwischen 12 und 24 Monaten ein.*

Woher kommt das nur? – Mögliche Ursachen einer Intelligenzminderung

Nur in wenigen Fällen weiß die Familie bereits vor oder kurz nach der Geburt, dass ihr Kind eine geistige Behinderung haben wird. So kann z.B. das Down-Syndrom sehr frühzeitig erkannt werden. Häufig wird die Behinderung aber erst im Laufe der Entwicklung festgestellt. Viele Mütter und Väter fragen sich dann, was die Ursache für die Intelligenzminderung ist. Lange Zeit war dies auch für ärztliche Fachkräfte in vielen Fällen unklar. Oftmals wurde von Geburtskomplikationen oder anderen neurologischen Schäden als Ursache ausgegangen. Heute wissen wir, dass die häufigste Ursache für Intelligenzminderungen genetische Auffälligkeiten sind.

Genetische Syndrome und ihre Untersuchung

In etwa 50% der Fälle kann eine genetische Ursache für die geistige Behinderung nachgewiesen werden (Tzschach / Ropers 2007). Es besteht also eine auffällige Veränderung im Erbgut des Kindes. Bei manchen Kindern gibt es eine ungewöhnliche Chromosomenanzahl; manchmal fehlen auch kleine Stücke der genetischen Information oder sie sind mehrfach vorhanden. Häufig treten bei genetischen Syndromen auffällige Merkmale im Gesicht, an den Händen oder Füßen auf. Um eine genetische Ursache untersuchen zu lassen, können Sie Ihr Kind bei einem Facharzt oder einer Fachärztin für Humangenetik vorstellen. Dieser oder diese untersucht Ihr Kind, erstellt eine detaillierte Familienanamnese und nimmt dem Kind etwas Blut ab, um seine Erbinformation zu untersuchen.

Viele Eltern empfinden die Untersuchung bei humangenetischen Fachkräften als hilfreich. Gibt es ein eindeutiges Ergebnis, wird dies oft als entlastend und befreiend wahrgenommen. Endlich kann man „dem Kind einen Namen geben". Vielen Eltern fällt es dann auch leichter, die Diagnose zu verarbeiten und anzunehmen. Die Kenntnis über eine genaue Ursache kann helfen, Therapien und Förderung anzupassen. Hat Ihr Kind ein bekanntes genetisches Syndrom, so ist es möglich, andere betroffene Familien kennenzulernen und sich miteinander auszutauschen. Im Internet finden Sie für viele Syndrome passende Elternforen und Selbsthilfevereine.

Tipp

→ *Nutzen Sie die genetische Untersuchung bitte niemals, um herauszufinden, wer „Schuld hat". Manchmal ergibt die Untersuchung, dass der fehlerhafte Genabschnitt bei einem der Elternteile ebenfalls vorliegt und somit vererbt wurde. Schuldig ist deshalb aber niemand. Fehlerhafte Genabschnitte finden sich bei fast allen Menschen. Meist bleiben sie ohne Symptomausprägung. Ob solche Gendefekte bei der Zeugung eines Kindes weitergegeben werden, unterliegt allein dem Zufall.*

Weitere Anlaufstellen zum Thema Humangenetik finden Sie in Kap. 5 Medizinische Anlaufstellen.

Weitere Ursachen

Neben genetischen Besonderheiten gibt es weitere mögliche Ursachen für die Entwicklung einer Intelligenzminderung. Diese treten üblicherweise in der Schwangerschaft, während oder kurz nach der Geburt auf.

1. Schädigungen während der Schwangerschaft: Insbesondere in den ersten Monaten der Schwangerschaft ist das Ungeborene sehr empfindlich. Verschiedene innere und äußere Einflussfaktoren können zu neuronalen Fehlentwicklungen führen. Hierzu zählen z. B. Mangelernährung (insbesondere Jodmangel), Infektionen und schädigende Substanzen wie Medikamente, Alkohol und Drogen. Auch ein Sauerstoffmangel kann sich schädlich auswirken.

Spezialfall: Das Fetale Alkoholsyndrom (FASD)

Wenn Mütter in der Schwangerschaft Alkohol konsumieren, kann es zu einer Schädigung des ungeborenen Kindes kommen. Weist das Kind neben einer Intelligenzminderung entsprechende Besonderheiten auf (u. a. Minderwuchs, sehr kleiner Kopf, besondere Gesichtsmerkmale), kann ein Fetales Alkoholsyndrom diagnostiziert werden. Betroffen sind vor allem Pflege- und Adoptivkinder. Das FASD kann mit starken Verhaltensauffälligkeiten einhergehen. Den betroffenen Kindern fällt es schwer, eigene Handlungen zu planen, zielgerichtet auszuführen und die Konsequenzen vorauszusehen. Sie leiden unter einer eingeschränkten Aufmerksamkeit und erhöhter Impulsivität. In der Schule und im Alltag kommt es häufig zu Schwierigkeiten.

Wenn Sie den Verdacht haben, dass bei Ihrem Kind ein FASD vorliegt, können Sie sich zur Diagnostik an eine Fachärztin oder einen Facharzt für Humangenetik oder ein spezialisiertes Diagnostikzentrum wenden. Die Adressen finden Sie im Informationsportal des „FASD Deutschland e. V." (https://www.fasd-deutschland.de/diagnostik-aerzte/).

2. Komplikationen während der Geburt: Während der Geburt kann es zu Hirnverletzungen, z. B. durch Sauerstoffmangel, kommen. Aufgrund der ständigen Fortschritte in der Geburtsmedizin kommt es jedoch nur noch selten zu solchen Komplikationen. Auch eine Frühgeburt stellt ein Entwicklungsrisiko dar. Kinder, die vor der 32. Schwangerschaftswoche zur Welt kommen, sind deutlich häufiger von kognitiven Entwicklungsstörungen betroffen (Straßburg et al. 2000).

3. Probleme kurz nach der Geburt: Kurz nach der Geburt können Infektionen, schwere Ernährungsmängel, Unfälle und Traumata wie Vernachlässigung und Misshandlung die Entwicklung einer Intelligenzminderung begünstigen (AWMF online 2021, 24).

Tipp

→ *Wenn Sie ein **Pflege- oder Adoptivkind** haben und die genauen Umstände rund um Schwangerschaft, Geburt und die ersten Lebensjahre des Kindes nicht kennen, können Sie diese beim Jugendamt erfragen. Manchmal können auch die leiblichen Eltern, pädagogische Fachkräfte des Kinderheimes oder Bereitschaftspflegeeltern Auskunft geben.*

Trotz des umfangreichen medizinischen Wissens kann in einigen Fällen keine konkrete Ursache für die Intelligenzminderung gefunden werden. Die genetische Diagnostik bleibt in 30 % bis 50 % der Fälle ohne klares Ergebnis (Brauer 2021). Dies kann für die Eltern sehr verunsichernd sein. Manchen Müttern oder Vätern fällt es ohne Kenntnis einer Ursache besonders schwer, die Diagnose anzunehmen. Möglicherweise bleibt immer ein Rest Hoffnung, dass sich das Kind doch noch „normal" entwickeln wird. Manche Eltern haben auch Schuldgefühle und sorgen sich, selbst irgendetwas falsch gemacht zu haben.

Manchmal bleibt die Ursache unklar.

Falls Sie sich in dieser schwierigen Lage befinden, empfehle ich Ihnen, trotz aller Zweifel die Frage nach den Ursachen zunächst ruhen zu lassen. Es gibt zahlreiche Phänomene in der Natur, deren Ursachen wir uns bis heute nicht erklären können. Es ist nicht leicht, mit dieser Unsicherheit zu leben. Dennoch sollten Sie nicht zu viel Energie darauf verwenden, über die Ursachen der Erkrankung Ihres Kindes zu grübeln. Nutzen Sie Ihre Kraft stattdessen dazu, sich bestmöglich um Ihr Kind und um sich selbst zu kümmern.

In die Schublade gesteckt? – Vom Sinn und Unsinn einer Diagnose

Die Diskriminierung hat Geschichte.

„Etiketten sind für Dosen, nicht für Menschen", sagte der amerikanische Schauspieler Anthony Dean Rapp einmal. Als Sie die Diagnose Ihres Kindes erfahren haben, mag Ihnen Ähnliches durch den Kopf gegangen sein. Sie haben ein wunderbares, einzigartiges Kind mit einer Vielzahl an Fähigkeiten und Eigenschaften – und nun bekommt es solch einen Stempel. Es wird in die sprichwörtliche Schublade gesteckt. Die Diagnose „Intelligenzminderung" bzw. „geistige Behinderung" trägt in unserer Gesellschaft ein besonderes Stigma. Das liegt nicht zuletzt daran, dass Menschen mit geistiger Behinderung in Deutschland, wie auch in zahlreichen anderen Ländern, lange Zeit diskriminiert und von der Gesellschaft ausgeschlossen wurden. Einen traurigen Höhepunkt erreichte diese Entwicklung in der Zeit des Nationalsozialismus, als Menschen mit geistiger Behinderung als „lebensunwertes Leben" bezeichnet und zu Tausenden ermordet wurden. Der Gedanke, dass diese Menschen „nichts wert" sind, hat sich in den Denkmustern einiger Menschen bis heute gehalten.

Der Fokus liegt oft auf den Defiziten.

Viele Eltern haben den Eindruck, dass Ihr Kind mit der Diagnose „Intelligenzminderung" nicht ausreichend beschrieben wird. Die Diagnose legt ihren Schwerpunkt auf die Defizite des Kindes; Fähigkeiten und Begabungen werden nicht gesehen. Bei meiner Arbeit erlebe ich immer wieder Eltern, die sich lange Zeit gegen die Diagnose sträuben und sie innerlich ablehnen. Auch manche ärztliche und psychologische Fachkräfte vergeben die Diagnose ungern, da sie die Eltern nicht verletzen wollen. Stattdessen wird oft lange gewartet und es werden immer wieder neue Tests gemacht. Dies kann sinnvoll sein, wenn sich die Entwicklungsverzögerung im Rahmen hält und Fortschritte ersichtlich sind. Aus einer zu späten Diagnose können jedoch auch Nachteile entstehen. Den Eltern wird womöglich zu lange Hoffnung auf eine gesunde Entwicklung ihres Kindes gemacht und damit verwehrt, die Diagnose anzunehmen und zu verarbeiten. Zudem wird das Kind womöglich überfordert und erhält nicht die notwendigen Hilfen.

Eine klare Diagnose hat Vorteile sowohl für das Kind als auch für seine Familie: Sie ermöglicht es, nun die notwendigen sozialrechtlichen Hilfen wie einen Schwerbehindertenausweis zu beantragen. Über den Pflegegrad der Krankenkassen können zusätzliche Therapien und Entlastungsleistungen finanziert werden. Mithilfe der Diagnose wird es auch leichter, einen geeigneten Platz in einer Betreuungseinrichtung bzw. einer Schule zu finden und ggf. eine Eingliederungshilfe zu beantragen. Unnötige, belastende und zeitintensive Therapien können womöglich beendet werden. Und nicht zuletzt ist es für die Familien häufig entlastend, endlich eine Bezeichnung für die Besonderheit des Kindes zu haben. Nach jahrelanger Unsicherheit haben alle nun Klarheit und können nach guten Lösungen für ihr Kind suchen. Man kann den Verwandten und Bekannten erklären, welche Beeinträchtigung das Kind hat, und Kontakt zu anderen betroffenen Familien aufnehmen. Schließlich schenkt die Diagnose oftmals allen an der Erziehung Beteiligten auch persönliche Entlastung: Die Entwick-

Eine frühe Diagnose ist hilfreich.

lungsverzögerung des Kindes ist kein Erziehungsfehler. Niemand hat etwas falsch gemacht.

Für alle ärztlichen, psychologischen und therapeutischen Fachkräfte ist die Diagnose „Intelligenzminderung" ein Hilfsmittel, um eine bestimmte Patientengruppe zusammenzufassen und zu beschreiben. So können sie abschätzen, auf welchem Entwicklungsstand sich das Kind befindet und welche Therapien und Förderungen angemessen sind. Geeignete Behandlungen und Rehabilitationsmaßnahmen können begründet werden. Dabei ist den Fachleuten aber durchaus bewusst, dass trotz der Diagnose jedes Kind unterschiedlich ist und als Individuum betrachtet werden muss.

Zugleich ist es verständlich, dass sich viele Eltern mit der Diagnose „geistige Behinderung" schwer tun und sie als Stigmatisierung betrachten. Sie möchten nicht, dass ihr Kind in eine Schublade gesteckt wird – und das ist genau richtig. Es ist schön zu sehen, dass sich immer mehr Menschen in unserer Gesellschaft gegen dieses Schubladendenken wehren und sich für ein vorurteilsfreies Miteinander und Inklusion einsetzen. Es wäre wünschenswert, dass auch wir Fachleute irgendwann differenziertere Beschreibungen für die verschiedenen Formen der geistigen Behinderung zur Verfügung hätten, die nicht nur die Defizite, sondern auch die Fähigkeiten und Stärken eines Kindes beschreiben.

Eine neue Bezeichnung wäre wünschenswert.

Was eine Intelligenzminderung *nicht* bedeutet

Kinder mit einer Intelligenzminderung erleben viele Einschränkungen im Alltag. Sie entwickeln sich langsamer und erlernen manche Dinge leider niemals. Das bedeutet aber nicht, dass sie für immer hilflos und abhängig bleiben müssen oder kein glückliches Leben führen könnten. Denn eine geistige Behinderung bedeutet *nicht*, …

… dass Ihr Kind nichts lernen kann: Auch Kinder mit geistiger Behinderung entwickeln sich und lernen stetig dazu. Viele Entwicklungsprozesse dauern jedoch deutlich länger als bei altersgerecht entwickelten Kindern. Ihr Kind benötigt schlichtweg mehr Zeit, um neue Dinge zu erlernen. So kann es einiger Monate oder Jahre täglicher Übung bedürfen, bis sich Ihr Kind allein anzieht, ein Brot schmiert oder sicher Fahrrad fährt. Da Kinder mit geistiger Behinderung langsamer lernen, ist es wichtig, sie niemals mit Gleichaltrigen zu vergleichen. Halten Sie lieber Ausschau nach kleinen persönlichen Entwicklungsfortschritten und feiern Sie diese Erfolge ganz besonders. Es spricht z.B. nichts dagegen, nach der ersten selbst gebundenen Schleife festlich essen zu gehen.

… dass Ihr Kind keine Begabungen hat: Jeder Mensch hat Stärken und Schwächen. So ist es auch bei Kindern mit einer geistigen Behinderung. Das Lernen mag ihnen im Allgemeinen schwerer fallen als anderen; häufig berichten Eltern jedoch auch von erstaunlichen Fähigkeiten ihres Kindes. Beispielsweise von einem sehr guten Erinnerungsvermögen, einer besonderen Kreativität oder einem starken Einfühlungsvermögen. Achten Sie einmal darauf, was Ihr Kind besonders gut kann, und lenken Sie Ihre Aufmerksamkeit immer wieder auf diese Stärken.

…dass Ihr Kind nicht selbstständig werden kann: Kinder mit Intelligenzminderung brauchen mehr Hilfe und Pflege im Alltag. Häufig sind sie auch im Erwachsenenalter noch auf Betreuung und Begleitung angewiesen. Dennoch können und wollen Menschen mit geistiger Behinderung in vielen Bereichen selbstständig werden. Dazu gehört z.B. die Körperpflege, die Versorgung des Haushalts, die Essenszubereitung und eine berufliche Tätigkeit. Lassen Sie Ihr Kind deshalb so viel wie möglich selbstständig tun und motivieren Sie es, Herausforderungen mutig anzugehen. So werden auch Sie mit der Zeit mehr und mehr Entlastung erleben (mehr zum Thema Selbstständigkeit erfahren Sie in Kap. 3 Erziehung zur Selbstständigkeit).

…dass Ihr Kind sich nicht benehmen kann: Einige Kinder mit Intelligenzminderung zeigen sozial unangemessene Verhaltensweisen. Möglicherweise hat sich auch Ihr Kind schon einmal mitten auf der Straße ausgezogen, ein anderes Kind grundlos geschlagen oder eine feine Veranstaltung mit lautem Schreien gestört. Die meisten Kinder tun dies jedoch nicht absichtlich; sie möchten damit nicht provozieren, sondern verstehen nur unsere sozialen Gepflogenheiten und Regeln noch nicht. Durch Alltagsstrukturierung und einen konsequenten, liebevollen Erziehungsstil können Sie Ihr Kind dabei unterstützen, ein sozial angemessenes Verhalten zu erlernen (mehr zum Thema Erziehung erfahren in Kap. 3 Ideen für eine gelingende Erziehung).

…dass Ihr Kind nicht glücklich werden kann: Viele Menschen verbinden auch heute noch den Begriff der Behinderung ausschließlich mit Schmerz und Leid. Dieser Einstellung würden wohl die meisten Menschen, die mit einer Behinderung leben, deutlich widersprechen. Natürlich können auch Menschen mit Intelligenzminderung ein glückliches Leben führen. Intelligenz allein ist keine Garantie für Glück, Erfolg und Lebenszufriedenheit. Sicher kennen auch Sie einige Menschen, die zwar eine hohe Intelligenz besitzen, aber in ihrem Leben wenig Erfolg haben und nicht glücklich wirken. Menschen mit einer geistigen Behinderung benötigen meist in ihrem gesamten Leben besondere Rahmenbedingungen und Unterstützung durch andere Personen. Wenn sie gut versorgt werden und die Rahmenbedingungen stimmen, können auch Menschen mit geistiger Behinderung ein erfülltes und glückliches Leben führen.

Für manche ist es auch heute noch schwer, mit Menschen mit geistiger Behinderung umzugehen. Mit ihrer Abhängigkeit und ihrem Unterstützungsbedarf erinnern sie uns an unsere eigene Verletzlichkeit. Wie schnell könnten auch wir den Halt verlieren, hilflos oder bedürftig werden. Diese Angst, die Kontrolle zu verlieren, tragen wir alle in uns. Der Blick auf Menschen mit geistiger Behinderung kann uns aber auch bereichern und ermutigen. Wir sehen, wie viel diese Menschen trotz ihrer Einschränkungen erreichen, wie hart sie für kleine Erfolge arbeiten, wie fröhlich sie durchs Leben gehen und wie sie sich vertrauensvoll in unsere Hände begeben. Diese besondere Erfahrung ist eine Bereicherung für jede Person, die mit Menschen mit geistiger Behinderung zusammenlebt oder arbeitet.

Menschen mit Behinderung bereichern das Leben.

3

Hilfen für Ihr Kind

Kinder mit geistiger Behinderung benötigen eine individuelle Förderung und Begleitung im Alltag. In diesem Abschnitt erhalten Sie praktische Ratschläge zu den Themen Eltern-Kind-Bindung, Therapien und Fördereinrichtungen, Strukturierung und Visualisierung im Alltag, Förderung der Selbstständigkeit, Verhaltensbesonderheiten und Erziehung, Sprache und Kommunikation, sexuelle Entwicklung und Aufklärung, sozialrechtliche Hilfen sowie erwachsen werden und Ablösung von den Eltern.

Die Grundlage von allem: eine sichere Bindung aufbauen

Sicherlich haben Sie schon oft gehört, wie wichtig eine gute Eltern-Kind-Bindung ist. Eine sichere Bindung zu den Bezugspersonen erhöht das Selbstvertrauen des Kindes und dient als Grundlage für eine gelingende Entwicklung in allen Bereichen. Dies gilt genauso bei Kindern mit geistiger Behinderung. Nur auf der Grundlage einer sicheren Bindung können sie ihr Entwicklungspotenzial voll ausschöpfen und als Persönlichkeit reifen.

Leider gibt es bei Kindern mit Intelligenzminderung einige Faktoren, die den Aufbau einer sicheren Bindung zwischen Eltern und Kind erschweren können. Im folgenden Abschnitt erfahren Sie, welche Probleme auftreten können und wie Sie ihnen am besten begegnen.

Die Bedeutung der Bindung für die Entwicklung des Kindes

Die Bindung eines Kindes an seine Bezugspersonen ist ein natürlicher Prozess, der in den ersten Lebensjahren ganz von allein geschieht. Damit das Kind eine sichere Bindung aufbauen kann, benötigt es verlässliche, fürsorgliche Bezugspersonen. Meist sind dies die leiblichen Eltern; manchmal treten aber auch andere Personen wie Großeltern, befreundete oder verpartnerte Personen, Pflegeeltern oder Heimerziehende an ihre Stelle. Feinfühlig erkennen sie die Bedürfnisse des Säuglings und beantworten diese schnell und angemessen. Wenn das Kind ängstlich oder verunsichert ist, trösten und beruhigen sie es und geben ihm einen sicheren Rückhalt. So entsteht bei dem Kind das

Urvertrauen. Es erlebt jeden Tag: „Ich bin geliebt und die Welt ist ein sicherer Ort." Wenn dieser Prozess ungestört verläuft, entwickelt das Kind eine sichere Bindung an seine Bezugspersonen.

Die Bindungstheorie

Erforscht wurde die Eltern-Kind-Bindung erstmals durch den Kinderarzt John Bowlby und die Entwicklungspsychologin Mary Ainsworth in den 1950er- und 1960er-Jahren. Sie entwickelten die sogenannte Bindungstheorie und bestätigten hiermit wissenschaftlich, was den meisten Eltern intuitiv bewusst ist: Ohne die Bindung zu einer fürsorglichen Bezugsperson können Kinder sich nicht entwickeln. Anregungen zu den Untersuchungen fanden Bowlby und sein Team durch Beobachtungen an kleinen Kindern, die in Krankenhäusern oder Heimen untergebracht waren und keine verlässlichen Bezugspersonen hatten. Diese litten nicht nur seelisch unter dem Alleinsein, sondern sie entwickelten sich in allen Bereichen deutlich schlechter. Viele der Kinder erlernten niemals das Laufen, Sprechen und Spielen.

Mary Ainsworth entdeckte später verschiedene Arten von Bindung, welche in allen menschlichen Kulturen anzutreffen sind. Etwa zwei Drittel aller Kinder entwickeln einen sogenannten sicheren Bindungsstil, welcher die besten Voraussetzungen für eine gesunde Entwicklung bietet. Kinder mit einer sicheren Bindung zeigen mit etwa zwölf Monaten ein typisches Bindungsverhalten: Wenn sie von ihrer Mutter getrennt werden, reagieren sie mit emotionaler Verunsicherung und Protest. Sie lassen sich von fremden Personen kaum beruhigen. Wenn die Mutter zurückkommt, suchen die Kinder meist engen Körperkontakt. Sie beruhigen sich dann schnell und finden zurück in ihr Spiel. Typisch für den sicheren Bindungsstil ist außerdem eine ausgeprägte Fremdelphase in der Zeit zwischen dem achten und 18. Lebensmonat. Die Kinder haben verinnerlicht, dass sie nur bei ihren Eltern sicher sind und stehen fremden Personen vorsichtig und zurückhaltend gegenüber. In der Folgezeit verringern sich ihre Ängste immer mehr. Etwa ab dem dritten Lebensjahr ist das Kind schließlich bereit, sich für eine längere Zeit von den Eltern zu trennen (z.B. um den Kindergarten zu besuchen). Die Entwicklung eines sicheren Bindungsstils kann durch die Eltern unterstützt werden, indem sie versuchen, möglichst schnell und angemessen auf die Bedürfnisse des Babys zu reagieren.

Auch wenn nach den ersten drei Lebensjahren die Bindungsentwicklung im Großen und Ganzen abgeschlossen ist, benötigen alle Kinder bis ins Jugendalter hinein den Rückhalt ihrer Eltern. Sie werden selbstständiger und erkunden die Welt; gleichzeitig suchen sie aber weiterhin Geborgenheit im Elternhaus. Dies gilt ganz besonders für Kinder mit geistiger Behinderung, da sie sich auch im emotionalen und sozialen Bereich langsamer entwickeln.

Tipp

→ *Viele Eltern erfahren erst nach dem dritten Lebensjahr von der geistigen Behinderung ihres Kindes, also dann, wenn die wichtigste Phase des Bindungsaufbaus hinter ihnen liegt. Wenn das bei Ihnen der Fall ist, können Sie dieses Kapitel nutzen, um sich daran zu erinnern, wie sich die Beziehung zu Ihrem Kind in den ersten Lebensjahren entwickelt hat und welche Schwierigkeiten es womöglich gab. Vielleicht finden Sie in diesem Abschnitt Erklärungen für ein besonderes Verhalten Ihres Kindes. Die psychologische Forschung spricht dafür, dass sich die Bindung eines Menschen lebenslang weiterentwickelt und dass negative Bindungserfahrungen in der frühen Kindheit durch spätere positive Erfahrungen ausgeglichen werden können. Dies erleben wir auch bei Pflege- und Adoptivkindern, die in ihrer neuen Familie oft große Entwicklungsfortschritte machen.*

Schwierigkeiten beim Bindungsaufbau und wie Sie Ihnen begegnen können

Beispiel

Mia (9 Monate) *wurde mit dem Downsyndrom geboren. Ihre Eltern haben bereits vor der Geburt erfahren, dass ihr Kind wahrscheinlich eine geistige Behinderung haben wird. In den ersten Lebensmonaten sind sie überrascht, wie wenig Mia sie anschaut und dass sie fast nie lächelt. Mias große Schwester hatte sie bereits im zweiten Lebensmonat angelächelt. Um Kontakt zu Mia herzustellen, probieren die Eltern einiges aus: Lieder singen, streicheln, kitzeln. Sie bemerken, dass Mia besonders gut auf ein bestimmtes Lied reagiert. Die Eltern entwickeln mit ihr ein Ritual. Jeden Tag singen sie das Lied und machen dazu Körperspiele mit Mia. Mit neun Monaten schaut Mia ihre Eltern nun immer öfter an und beginnt zu lächeln.*

Verminderte Kontaktaufnahme durch den Säugling

Wenn Babys zur Welt kommen, sind sie vollkommen auf die Pflege ihrer Eltern angewiesen. In den ersten Lebenswochen können sie noch nicht einmal ihr Köpfchen selbst halten oder ihre Körperposition selbstständig verändern. Dennoch suchen Säuglinge schon frühzeitig den Blickkontakt zu ihren Eltern und teilen mit ihrem Gesichtsausdruck und Verhalten ihre Empfindungen mit. Es entwickelt sich ein soziales Spiel, bei dem Eltern und Kind sich gegenseitig anschauen und nachahmen. Man nennt das auch **Spiegeln**. Durch das Schauen und Lächeln des Kindes erhalten die Eltern eine direkte Belohnung für all ihre intensiven Bemühungen um das Kind. Es entsteht das Gefühl: „Wir gehören zusammen und haben uns gern."

Säuglinge mit geistiger Behinderung zeigen meist ein verspätetes und eingeschränktes Kontaktverhalten. Es fällt ihnen schwer, den Blick auf die Eltern zu richten und längere Zeit aufrechtzuerhalten. Manche Babys sind auch sehr unruhig oder lassen sich kaum an der Brust stillen. Das Spiel von Anschauen und Nachahmen kommt so erst verspätet oder gar nicht zustande. Viele Eltern erleben dies auf der Gefühlsebene als eine Zurückweisung. Das Kind scheint auf all ihre Bemühungen gar nicht zu reagieren. Manche Eltern stellen dann ihrerseits die Kontaktangebote ein und versorgen das Kind nur noch körperlich. Da es keine lebendige Interaktion zwischen Eltern und Kind gibt, stagniert die Entwicklung der Eltern-Kind-Bindung.

Immer wieder Kontaktangebote machen.

Ich empfehle Ihnen deshalb, immer wieder bewusst den Kontakt zu Ihrem Säugling zu suchen – auch wenn dessen Reaktion verzögert erfolgt oder sogar ganz ausbleibt. Schauen Sie Ihrem Kind regelmäßig in die Augen, sprechen Sie mit ihm und vermitteln Sie ihm ihre Zuneigung durch engen Körperkontakt. Viele Babys und Kleinkinder genießen auch körpernahe Spiele, bei denen Sie Ihrem Kind über die Haut pusten, es streicheln und kitzeln oder vorsichtig durch die Luft schwingen. Beobachten Sie dabei genau, ob Ihr Kind das Spiel genießen kann. Möglicherweise müssen die Spiele kürzer ausfallen oder das Baby benötigt längere Erholungsphasen. Je älter Ihr Kind wird, desto mehr Freude am Kontakt werden Sie gemeinsam erleben.

Besondere Gesichtsmerkmale und körperliche Einschränkungen

Manchen Kindern mit Intelligenzminderung wird die Kontaktaufnahme zu den Eltern zusätzlich durch körperliche Besonderheiten erschwert. Im Rahmen eines genetischen Syndroms haben betroffene Kinder manchmal besondere Gesichtszüge, die nicht dem üblichen Kindchenschema entsprechen und womöglich Scheu oder sogar Abneigung bei den Bezugspersonen hervorrufen. Auch können besondere Gesichtsformen zu einer eingeschränkten Mimik führen, die das „Spiegeln“ mit den Eltern erschwert. Manchmal bestehen neben der geistigen Behinderung auch körperliche Einschränkungen wie Lähmungen, Hörstörungen oder eine Sehbehinderung, die ggf. noch gar nicht diagnostiziert wurden. Auch diese können die Kontaktaufnahme erschweren.

Die intakten Sinne ansprechen

Wie bereits beschrieben, sollten Sie dennoch regelmäßig eine Kontaktaufnahme zu Ihrem Kind versuchen. Hierbei gilt es, als Eltern wesentlich mehr Initiative zu übernehmen und die oft fehlenden Rückmeldungen des Kindes zu verschmerzen. Das ist oftmals eine große Herausforderung. Bei seh- oder hörgeschädigten Kindern können Sie die nicht geschädigten Sinne besonders bedienen. So freut sich ein Kind mit Sehbehinderung womöglich über Musik und Geräusche. Und ein Kind mit Hörschädigung zeigt Interesse an kräftigen Farben oder angenehmen Gerüchen. Probieren Sie regelmäßig aus, was Ihrem Kind gefällt und wie Sie mit ihm in Kontakt treten können. Sie können sich dabei von therapeutischen und ärztlichen Fachkräften beraten lassen, die Erfahrung mit den entsprechenden Beeinträchtigungen haben.

Medizinische Behandlungen und Krankenhausaufenthalte

Beispiel

Franz (2 Jahre) *hat eine Intelligenzminderung und einen angeborenen Herzfehler. Bereits in den ersten Lebensjahren musste er mehrmals operiert werden. Wenn Franz Krankenhauspersonal in weißen Kitteln sieht, beginnt er sofort panisch zu schreien. Das Einschlafen im Krankenhaus fällt ihm schwer. Mutter und Vater begleiten Franz bei jedem Krankenhausaufenthalt. Sie bestehen darauf, bei allen Untersuchungen dabei zu sein. Nachts schläft der Vater neben seinem Bettchen. Auch seinen Teddy hat Franz immer dabei. Abends spielt die Spieluhr für ihn dasselbe Lied, das er auch zu Hause hört. Während er die Hand des Vaters hält, schläft Franz ein.*

Wenn Kinder neben der geistigen Behinderung auch körperliche Einschränkungen haben, müssen sie häufig bereits in den ersten Lebensjahren zahlreiche Krankenhausaufenthalte und Eingriffe über sich ergehen lassen. Die fremde Umgebung, Schmerzen und zeitweilige Trennungen von den Eltern können das Kind stark verunsichern. Während es früher noch üblich war, Kinder mehrere Wochen oder sogar Monate allein im Krankenhaus zu behandeln, ist es heutzutage meist gewünscht, dass Eltern und Kind gemeinsam aufgenommen werden und ein Elternteil auch im Zimmer des Kindes übernachtet.

Eltern sind im Krankenhaus erwünscht.

Es ist angeraten, Ihr Kind bei solchen Behandlungen immer zu begleiten und bei Übernachtungen auf ein gemeinsames Zimmer zu bestehen. Nur in wenigen Ausnahmefällen ist dies tatsächlich aus medizinischen Gründen nicht möglich. Vermitteln Sie Ihrem Kind Ihre Nähe, indem Sie bei Untersuchungen an seiner Seite bleiben, seine Hand halten oder mit ihm sprechen.

Vertraute Musik oder Gegenstände von Zuhause (z.B. das Lieblingskuscheltier) können ebenfalls Sicherheit vermitteln. Diese besondere Fürsorge bei medizinischen Behandlungen benötigen Kinder mit Intelligenzminderung meist auch noch im Jugendalter. Wenn Sie das Gefühl haben, dass Ihr Kind durch eine Behandlung psychische Beschwerden entwickelt hat, sollten Sie Hilfe bei einer kinderpsychologischen oder ärztlichen Fachkraft suchen.

Die seelische Belastung der Eltern

Manche Schwierigkeiten im Bindungsaufbau gehen von den Eltern selbst aus. Dies betrifft vor allem die emotionale Verunsicherung und Verletzung, die viele Mütter und Väter nach der Diagnosestellung erfahren. Die Diagnose einer geistigen Behinderung trifft alle Eltern. Die ganze Welt scheint plötzlich zusammenzubrechen. All die Wünsche und Vorstellungen, die sich mit dem Kinderwunsch verbanden, scheinen sich plötzlich in Luft auszulösen. Es ist ganz natürlich, dass in der Folge der ersten Diagnosestellung starke Gefühle wie Angst, Wut und Trauer entstehen. Manche Mütter und Väter entwickeln sogar eine behandlungsbedürftige psychische Störung (mehr zu diesem Thema lesen Sie in Kap. 4 Mit belastenden Gefühlen umgehen).

Die Diagnose trifft Eltern schwer.

Wenn Eltern bereits während der Schwangerschaft oder kurz nach der Geburt von der Behinderung ihres Kindes erfahren, können die Erschütterung und die emotionale Ausnahmesituation dazu führen, dass es ihnen schwer fällt, eine emotionale Beziehung zu ihrem Kind aufzubauen. Manche Mütter und Väter fühlen sich leer und entfremdet oder spüren wenig Zuneigung zu ihrem Kind. Andere sind so traurig oder wütend über die Situation, dass sie den Kontakt zu dem Säugling nicht genießen können. Dies sind sehr schwierige emotionale Situationen, für die es keine pauschalen Lösungen gibt. Die Verarbeitung der Diagnose ist ein Prozess, der bei jedem Menschen anders verläuft und bei dem jeder Mensch seine eigenen Lösungen finden muss. Um die eigene Gefühlslage zu beruhigen und wieder Kontakt zum Kind zu finden, ist es hilfreich, wenn Eltern sich der eigenen Gefühle bewusst werden und diese auch zulassen. So kann ein Prozess der Verarbeitung beginnen. Vielen Eltern hilft es, über ihre Situation und all die Belastungen zu sprechen. Dies gelingt meist gut im engen Freundeskreis und mit Verwandten. Manchmal ist hierfür aber auch professionelle Hilfe in Form von Beratung oder Psychotherapie notwendig. Auch Selbsthilfegruppen sowie Internetforen können Unterstützung bieten. Anlaufstellen dazu finden Sie in Kap. 5 Hilfsverbände und Vereine.

Hilfe anzunehmen, ist stark.

Wichtig ist in dieser Situation, auch die Bedürfnisse des Kindes nicht aus dem Blick zu verlieren. Wenn Sie das Gefühl haben, dass Sie Ihr Kind aufgrund Ihrer eigenen Belastung emotional oder körperlich nicht mehr ausreichend versorgen können, sollten Sie sich dringend Hilfe suchen. Das ist keinesfalls ein Zeichen von Schwäche, sondern Sie übernehmen damit Verantwortung für sich selbst und für Ihr Kind. Zur schnellen Entlastung kann es helfen, Ihre Partnerin oder ihren Partner mehr in die Versorgung des Kindes einzuspannen, im Freundeskreis oder bei Verwandten um Hilfe zu bitten oder eine Haushaltshilfe einzustellen. Auch das Sozialamt und das Jugendamt bieten Unterstützungsleistungen an. Über die Jahre finden die meisten Eltern Mittel und Wege, um mit der besonderen Situation zurechtzukommen. Dies ist meist eine lange und beschwerliche Reise mit allerlei Höhen und Tiefen. Viele Eltern finden jedoch zu Akzeptanz und lernen es, das Leben mit ihrem besonderen Kind zu genießen. Einer tiefen und liebevollen Bindung steht dann nichts mehr im Weg.

Die Entwicklung unterstützen – Therapie und Förderung planen

Für Kinder mit Intelligenzminderung stehen in Deutschland verschiedene Therapiemöglichkeiten zur Verfügung. Ärztliche, psychologische und therapeutische Fachkräfte geben Empfehlungen, welche Therapien und Unterstützungsmöglichkeiten Ihr Kind benötigt. Außerdem gibt es Kindertagesstätten und Schulen mit spezifischer sonderpädagogischer Förderung bzw. die Möglichkeit der inklusiven Betreuung und Beschulung. Sie als Eltern haben üblicherweise bei allen Entscheidungen ein Mitspracherecht.

Therapien auswählen und planen

Beispiel

Als Marjam zwei Jahre alt war, wurde ein genetisches Syndrom festgestellt, das mit einer Intelligenzminderung einhergeht. Zur optimalen Förderung wurde den Eltern von der Kinderärztin eine heilpädagogische Frühförderung im häuslichen Umfeld empfohlen. Seit einigen Monaten bekommt Marjam nun zweimal wöchentlich Besuch von ihrer „Tante Ute". Die Heilpädagogin fördert Marjam mit spielerischen Ansätzen in allen Bereichen. Neben der Entwicklung der kognitiven Fähigkeiten, der Motorik und der Sprache ist der Therapeutin vor allem Marjams Alltagsselbstständigkeit wichtig. Sie spricht regelmäßig mit den Eltern und empfiehlt kleine Übungen, welche täglich durchgeführt werden können. Marjam hat bereits eine gute Beziehung zu ihrer Therapeutin aufgebaut und freut sich auf jeden Besuch. Die Eltern beobachten stetig kleine Fortschritte in Marjams Entwicklung.

Die therapeutischen Möglichkeiten zur Unterstützung von Kindern mit geistiger Behinderung sind vielfältig. Üblicherweise empfiehlt die kinderärztliche Fachkraft direkt nach der Diagnose verschiedene Therapien. Diese können sowohl in einer Praxis, in der Kindertagesstätte oder im häuslichen Umfeld stattfinden. Wichtig ist zu bedenken, dass Therapien die Intelligenzminderung nicht heilen können. Sie ermöglichen jedoch, dass die vorhandenen Entwicklungspotenziale des Kindes voll ausgeschöpft werden. Zudem erhalten die Eltern kompetente Ansprechpersonen, welche ihnen Tipps zur Förderung und Erziehung ihres Kindes geben. Folgende Therapieformen gibt es:

Heilpädagogische Frühförderung: Frühförderung ist meist das erste Therapieangebot, das Kinder mit Entwicklungsauffälligkeiten oder einer Behinderung erhalten. Es handelt sich dabei um einen ganzheitlichen Therapieansatz zur Entwicklungsförderung des Kindes und zur Beratung der Eltern. Beantragt und durchgeführt wird die Förderung durch **Frühförderstellen** oder Sozialpädiatrische Zentren. Die Frühförderung setzt da an, wo das Kind gerade steht, und kann bis zur Einschulung in Anspruch genommen werden. Im Rahmen einer sogenannten **„Komplexleistung“** kann die heilpädagogische Förderung um weitere Therapien wie Ergotherapie, Logopädie und Physiotherapie ergänzt werden. Die Förderung ist für die Eltern kostenlos und wird üblicherweise über Krankenkassen, Sozial- und Jugendämter finanziert (Greß 2018, 53 f).

Heilmitteltherapien: Wird die Frühförderung beendet, so können weiterhin **Ergotherapie, Logopädie und Physiotherapie** als sogenannte Heilmitteltherapien durchgeführt werden. Hierzu werden Rezepte von der kinderärztlichen Fachkraft benötigt. Die Ergotherapie dient der Förderung lebenspraktischer Fertigkeiten wie dem Binden einer Schleife oder dem selbstständigen Schmieren eines Brotes, die Logopädie dient der Sprachförderung und die Physiotherapie der motorischen Förderung.

Wichtig ist, dass klare Therapieziele gemeinsam mit den Eltern und dem Kind vereinbart werden. Zudem sollte regelmäßig eine Elternanleitung für Übungen im häuslichen Bereich erfolgen. Im höherem Schulalter zeigen Heilmitteltherapien bei Kindern mit geistiger Behinderung manchmal nur noch geringe Erfolge. In diesem Fall können Sie darüber nachdenken, ob die Therapie beendet oder durch eine alternative Therapieform ersetzt werden kann.

Kreative Therapien: Kreative Therapien wie Musiktherapie, Kunsttherapie, tiergestützte Therapie u.v.m. können Kindern mit geistiger Behinderung besonders gut helfen, da sie alternative Zugangswege und Kommunikationsformen bieten. So kann ein Kind, das wenig Interesse an sozialem Kontakt zeigt, durch Musik oder Kunst eine Möglichkeit finden, sich selbst mitzuteilen. Tiergestützte Therapien mit Hunden oder Pferden helfen ängstlichen Kindern mutiger zu werden und fördern die Sozialkompetenz. Die kreativen Therapien werden üblicherweise nicht von der Krankenkasse bezahlt. Viele Eltern bezahlen diese Therapien selbst. In manchen Fällen ist eine Finanzierung über die Pflegekasse, das Sozialamt oder das Jugendamt möglich.

Eltern-Kind-Kuren und stationäre Rehabilitationsmaßnahmen: Mehrwöchige Kuren und Reha-Maßnahmen können die Entwicklung Ihres Kindes unterstützen und Ihnen als Eltern eine willkommene Auszeit bieten. Welche Maßnahmen geeignet sind, können Sie bei Ihrer kinder- bzw. Ihrer hausärztlichen Fachkraft erfahren. Achten Sie bei der Auswahl darauf, dass die Einrichtung Erfahrung mit Kindern hat, die eine Intelligenzminderung haben, und dass sie passende Angebote und Betreuungsmöglichkeiten vorhält. Häufig ist es möglich, Geschwisterkinder als „Begleitkinder“ mitzunehmen.

Was Sie bei der Auswahl und Planung von Therapien bedenken sollten

Beispiel

Finn (6 Jahre) *kam als Frühgeborenes zur Welt. Er hat eine schwere Entwicklungsstörung in allen Bereichen sowie eine Intelligenzminderung. Da die Pflegeeltern Finn umfassend fördern wollen, erhält er wöchentlich fünf verschiedene Therapien: Heilpädagogik, Physiotherapie, Logopädie, Ergotherapie und therapeutisches Reiten. Als Finn noch jünger war, hat er alle Therapien mit Freude absolviert. Seit einiger Zeit weigert er sich jedoch zunehmend, zu den Therapien zu gehen. Er wirft sich auf den Boden und schreit „Finn spielen, Finn spielen". Vor allem die Logopädie verweigert Finn zunehmend. Hier hat es in den letzten Jahren wiederholt Therapeutenwechsel gegeben und von der Förderung profitiert Finn kaum noch. Da die Eltern mit der sprachlichen Entwicklung insgesamt zufrieden sind, vereinbaren sie mit dem zuständigen Logopäden eine Therapiepause. Finn hat nun einen Nachmittag in der Woche frei und kann diesen zum freien Spielen und Entdecken nutzen.*

Therapien können hilfreich und nützlich sein. Werden zu viele Termine geplant oder Therapien mit den falschen Zielen begonnen, können sie jedoch auch schaden oder bleiben ohne Erfolg. Dass Ihr Kind mit einer Therapie überfordert ist, merken Sie z.B. daran, dass es die Mitarbeit verweigert, weint, wegläuft, sich versteckt oder Wutanfälle bekommt. Hier gilt es immer wieder abzuwägen, welche Förderungen gerade notwendig sind und was Ihr Kind leisten kann. Folgende drei Fragen sollten Sie sich regelmäßig stellen:

1. Wie viele Therapien können mein Kind und die Familie bewältigen?

Ein bis zwei Therapieeinheiten pro Woche

Welche Förderung ein Kind erhält, wird üblicherweise von der ärztlichen Fachkraft festgelegt. Die meisten Kinder mit geistiger Behinderung fühlen sich mit ein bis zwei Therapieeinheiten pro Woche wohl. Ab einer Anzahl von vier Einheiten tritt meist eine Überforderung ein und die gewünschten Effekte bleiben aus. Wichtig ist auch zu beachten, wie gut es Ihnen gelingt, die Therapien in Ihren Familienalltag zu integrieren. Wenn die ganze Familie gestresst ist, weil Sie nur noch von Termin zu Termin hetzen, ist niemandem geholfen. Überprüfen Sie deshalb regelmäßig, welche Therapien Ihr Kind gerade braucht und wo man möglicherweise einsparen kann. So ist es z.B. möglich, Therapien im 14-tägigen Rhythmus wechseln zu lassen oder längere Therapiepausen einzulegen. Häufig können Therapien auch in der Kindertagesstätte oder in der Schule wahrgenommen werden. Besprechen Sie diese Themen mit Ihrer ärztlichen Fachkraft und den zuständigen therapeutischen Fachkräften.

2. Passt die therapeutische Fachkraft zu meinem Kind?

Eine positive Beziehung zur therapeutischen Fachkraft

Eine wichtige Grundlage für den Therapieerfolg ist, dass Ihr Kind die therapeutische Fachkraft mag und gut mit ihr zusammenarbeitet. Die meisten therapeutischen Fachkräfte sind gut ausgebildet und finden Zugang zu jedem Kind. Manchmal gibt es aber dennoch Schwierigkeiten: Sie bemerken, dass Ihr Kind die therapierende Person einfach nicht mag und ungern zur Behandlung geht. Oder der therapeutischen Fachkraft gelingt es nicht, das Verhalten Ihres Kindes zu regulieren und Fördereinheiten umzusetzen. Dann können Sie jederzeit nach einer alternativen Person Ausschau halten. Das mag etwas Aufwand bedeuten; auf lange Sicht verspricht es jedoch mehr Erfolg.

3. Erhalten auch die Eltern Rat und Hilfe?

Damit eine Therapie wirklich wirksam ist, sollten die erlernten Inhalte im Alltag regelmäßig geübt und umgesetzt werden. Hierzu ist es notwendig, dass die therapeutische Fachkraft regelmäßig mit den Eltern spricht, Therapieziele vereinbart und häusliche Übungen empfiehlt. Manche Therapien können sogar durch regelmäßiges häusliches Üben vollständig ersetzt werden. Ein gutes Beispiel hierfür ist das FamilienErgo-Konzept des Kinderarztes Rupert Dernick (siehe Kap. 5 Literatur zum Weiterlesen). Günstig ist es auch, wenn die Eltern gelegentlich an den Therapieeinheiten teilnehmen. Am Ende jedes Therapiezyklus' sollte eine Auswertung erfolgen und neue Ziele sollten festgelegt werden.

Anleitung für die Eltern

Kita und Schule – die richtige Betreuungsform finden

Kinder mit einer Intelligenzminderung müssen – wie alle anderen Kinder auch – gelegentlich in Einrichtungen betreut werden. Während dies im Kindergartenalter noch auf freiwilliger Basis geschieht, besteht ab dem sechsten bzw. siebten Geburtstag in Deutschland die Schulpflicht. Schule und Kindertagesstätten sichern nicht nur die Betreuung der Kinder, sondern sie sollen auch Bildung vermitteln, soziale Kontakte ermöglichen und die Selbstständigkeit fördern. Die Frage, welche Einrichtung für ein Kind mit geistiger Behinderung am besten geeignet ist, lässt sich nicht pauschal beantworten. Es hängt von den Besonderheiten und Bedürfnissen des Kindes und den Überzeugungen der Eltern ab. Zudem ist das Angebot in Deutschland von Bundesland zu Bundesland verschieden. Während manche Bundesländer sonderpädagogische Einrichtungen wie heilpädagogische Kindertagesstätten, Sprachheilkindergärten und Förderschulen anbieten, setzen andere Länder bereits gänzlich auf **Integration und Inklusion**. In Österreich und der Schweiz können die Eltern zwischen der inklusiven Beschulung in Regel-Klassen oder einer Sonderschule wählen. Letztlich können und müssen Sie als Eltern mit entscheiden, welche Form der Betreuung Ihr Kind erhält.

Inklusion

Der Begriff Inklusion entstand in den 1970er-Jahren im Rahmen einer Behindertenbewegung in den USA. Inklusion bedeutet, dass allen Menschen eine vollständige Teilhabe an allen gesellschaftlichen Bereichen ermöglicht werden soll (https://behinderung.org/inklusion.htm). Im Gegensatz zur Integration, die die Eingliederung von Menschen mit Behinderung in die Gesellschaft fordert, bedeutet Inklusion, dass die Gesellschaft selbst sich so verändern muss, dass alle Menschen dazugehören können. Diese Forderung richtet sich nicht nur an die Politik, sondern an jeden einzelnen Menschen. Es handelt sich um die Idealvorstellung einer Weltgemeinschaft, in der jeder Mensch in seiner Einzigartigkeit ein gleichwertiges Teil des Ganzen ist.

Als 2009 die UN-Behindertenrechtskonvention verabschiedet wurde, forderte der Bund die Länder auf, das Recht auf „inklusive Beschulung" umzusetzen (Greß 2018, 58). In vielen deutschen Kitas und Schulen wird Integration bzw. Inklusion bereits angeboten. Die Idee dahinter ist: Alle Kinder – egal, ob mit oder ohne Behinderung – sollen gemeinsam spielen und lernen. Niemand soll ausgeschlossen werden. Was in der Theorie sehr gut klingt, stößt in der Praxis derzeit aber noch an seine Grenzen. Denn es reicht nicht, sich nur Inklusion auf die Fahnen zu schreiben. Letztlich kommt es auf die praktische Umsetzung an. Die Räume müssen angemessen ausgestattet sein, die Lehrkräfte müssen über Fachwissen und didaktische Kompetenzen verfügen und die Mitschülerinnen und Mitschüler müssen aufgeklärt und unterstützt werden.

Um Inklusion erfolgreich umzusetzen, benötigt es deshalb von staatlicher Seite ausreichend Vorbereitung, Organisation und finanzielle Mittel. Zudem kommt es auf die persönliche Motivation aller Beteiligten – Schulleitung, Lehrkräfte, Schülerinnen und Schüler sowie deren Eltern – an. Sowohl die Betreuung in einer sonderpädagogischen Fördereinrichtung als auch eine inklusive Betreuung bieten Vor- und Nachteile für Ihr Kind. Als Entscheidungshilfe, welche Betreuungsform Sie wählen sollen, finden Sie auf der folgenden Seite die wichtigsten Merkmale der beiden pädagogischen Ansätze beschrieben:

Tipp

→ *Damit Sie sich ein gutes Bild von den tatsächlichen Umständen machen können, sollten Sie die Einrichtungen im Vorfeld unbedingt selbst besichtigen und sich beraten lassen. Wenn Sie es für günstig halten, können Sie Ihr Kind zur Besichtigung mitnehmen. Die Bedingungen sind oft ganz unterschiedlich und entsprechen nicht immer dem, was auf der Webseite oder in der Broschüre versprochen wird. Verschaffen Sie sich deshalb einen guten Eindruck und achten Sie auch auf Ihr Bauchgefühl. Wenn sich eine Einrichtung im Nachhinein als unpassend herausstellt, ist ein Wechsel jederzeit möglich. Manchmal kann sich sogar der Umzug in einen anderen Ort oder in ein anderes Bundesland lohnen.*

Tab. 1: Sonderpädagogische Fördereinrichtungen und inklusive Beschulung im Vergleich

	Sonderpädagogische Fördereinrichtungen für Kinder mit geistiger Behinderung	Integrative bzw. inklusive Betreuung an Kindergärten und Schulen
Gruppengröße und Betreuungsschüssel	Das Kind wird in einer sehr kleinen Kindergruppe betreut. Es stehen deutlich mehr pädagogische Fachkräfte und Betreuungspersonal zur Verfügung. Das Kind erhält eine individuelle Förderung und wird wirksam vor Gefahren geschützt. Alltägliche Abläufe sind leicht verständlich und auf die Fähigkeiten der Kinder abgestimmt.	Die Gruppen sind groß (in der Schule bis zu 30 Kinder pro Klasse) und es steht weniger Betreuungspersonal zur Verfügung. Die Erziehenden bzw. Lehrenden müssen neben ihrer üblichen Unterrichtsgestaltung dem Kind mit Behinderung individuelle Lernanreize bieten. Zur Alltagsstrukturierung und zum Schutz vor Gefahren ist häufig eine Eingliederungshilfe (Schulbegleitung) notwendig.
Qualität der Betreuung und Bildung	Die Betreuenden und Lehrenden sind heil- bzw. sonderpädagogisches Fachpersonal. Sie verfügen über ein breites Methodenwissen rund um die Förderung von Kindern mit geistiger Behinderung. Sie kennen die Besonderheiten der Kinder und richten ihren Unterricht nach deren individuellen Fähigkeiten aus.	Nur einige Erziehende und Lehrende haben eine heilpädagogische oder sonderpädagogische Zusatzausbildung. Die Qualität der Förderung des Kindes hängt vom individuellen Fachwissen und der persönlichen Motivation der Lehrperson ab. Es besteht die Gefahr der Überforderung.
Räumliche Ausstattung	Die Räume sind für Personen mit Behinderung geeignet und barrierefrei eingerichtet. Es wird auf Reizarmut und eine gute Strukturierung geachtet. Es stehen Pflegeeinrichtungen wie Wickeltische und behindertenspezifische Hilfsmittel zur Verfügung.	Das Ausmaß der Barrierefreiheit ist abhängig von der Einrichtung. Manche Kinder mit geistiger Behinderung sind von den vielen Reizen überfordert oder können sich räumlich nur schwer orientieren. Rückzugsorte und Räume für Pflegetätigkeiten sind nicht immer vorhanden.
Das soziale Umfeld	Alle Kinder haben eine Beeinträchtigung. Das Kind erlebt sich als „Gleicher unter Gleichen“ und es entstehen schnell Freundschaften. Häufig fehlt jedoch die Vorbild- und Anreizfunktion der altersgerecht entwickelten Kinder.	Das Kind befindet sich in einer diversen Gruppe von Kinder mit und ohne Behinderung. Die Kinder entwickeln sich gemeinsam und schauen sich bereits Erlerntes voneinander ab. Kinder mit deutlicher Intelligenzminderung finden manchmal nur schwer Zugang zu ihren Altersgenossen. Sie sind auf die Unterstützung der Erwachsenen angewiesen.

Sicherheit im Alltag finden – Strukturierung und Visualisierung gezielt nutzen

Viele Kinder mit geistiger Behinderung haben Probleme, sich im Alltag zu orientieren. Es fällt ihnen schwer einzuschätzen, welche Tageszeit oder welcher Wochentag gerade ist. Sie können sich oft nicht merken, wo ihre Schulsachen liegen und verlieren sie immer wieder. Und sie haben Schwierigkeiten damit, Handlungsabläufe wie Duschen, Zähne putzen oder Tischdecken in der richtigen Reihenfolge durchzuführen. Dies kann zu Unsicherheiten und Verhaltensauffälligkeiten führen und löst im Familienalltag immer wieder Konflikte aus.

Schrittweise und anschaulich

Sie können Ihr Kind bei der Orientierung im Alltag unterstützen, indem Sie die Prinzipien der Strukturierung und der Visualisierung anwenden. **Strukturierung** bedeutet, das Sie schwierige Zusammenhänge wie den Tagesablauf oder Handlungsroutinen in einzelne, wichtige Schritte zerlegen. **Visualisierung** bedeutet, dass Sie dem Kind diese Strukturen visuell – also möglichst anschaulich – präsentieren, damit es sie verstehen und sich einprägen kann. Praktisch wird hierfür v.a. mit gleichbleibenden Routinen und Bildern gearbeitet. Dieser erzieherische Ansatz stammt aus der Sonderpädagogik und wird in Schulen und Wohneinrichtungen für Menschen mit geistiger Behinderung genutzt. Die Ideen lassen sich jedoch auch sehr gut im Familienalltag umsetzen.

In den folgenden Abschnitten werden Sie sehr viele verschiedene Möglichkeiten zur Strukturierung und Visualisierung kennenlernen. Sie müssen aber keinesfalls alle umsetzen! Dies würde Ihr Kind überfordern. Und sicher möchten Sie auch nicht, dass Ihre Wohnung nachher wie ein Therapiezentrum aussieht.

Sie können die Methoden gezielt in jenen Bereichen nutzen, in denen Ihr Kind immer wieder Probleme hat. So beugen Sie Stress und Streit vor.

Zeitliche Orientierung

Die zeitliche Orientierung fällt Kindern mit Intelligenzminderung meist besonders schwer. Das liegt daran, dass man die Zeit nicht sehen oder anfassen kann. Vielleicht kennen Sie es selbst, dass Sie plötzlich aus dem Schlaf erwachen und für einen Moment nicht wissen, welcher Tag gerade ist und was an diesem Tag zu tun ist. Wir müssen davon ausgehen, dass Kinder mit geistiger Behinderung diesen Zustand der Unsicherheit und Verwirrung häufiger erleben.

Gleichbleibende Abläufe geben Sicherheit.

Deshalb ist es hilfreich, wenn Sie zeitliche Abläufe strukturiert und nachvollziehbar gestalten. Am besten helfen Sie Ihrem Kind, wenn Sie im Alltag auf möglichst gleichbleibende Abläufe achten. Das heißt, dass wichtige Punkte im Tagesverlauf, wie das Aufstehen, die Mahlzeiten und das Zu-Bett-Gehen, möglichst immer zur selben Zeit und in der selben Reihenfolge stattfinden. Die meisten Kinder mit Intelligenzminderung lieben solche eingespielten Abläufe und fordern sie auch vehement ein. Diese geben ihnen Sicherheit und wiederkehrende Erfolgserlebnisse. Das Kind spürt: „Ich kann mich orientieren und werde den Anforderungen gerecht." Diese Wirkung können Sie mit schönen Ritualen, z.B. beim Waschen oder Zu-Bett-Bringen, noch verstärken. In allen anderen Situationen können **visuelle Zeitpläne** helfen:

Der Tagesplan: In jungem Alter fällt es vielen Kindern mit geistiger Behinderung schwer zu benennen, welche Tageszeit gerade ist und was als Nächstes ansteht. Gibt es jetzt Mittagessen oder Abendbrot? Kann ich noch spielen oder soll ich Mittagsschlaf machen? Hier kann ein Ablaufplan mit den wichtigsten Punkten des Tages helfen (s. Abb. 2). Es ist ratsam, den Plan an zentraler Stelle aufzuhängen, z.B. im Flur oder im Kinderzimmer. Mit einem Pfeil oder einer Wäscheklammer kann man die aktuelle Tageszeit markieren. Wenn ein besonderes Ereignis ansteht, z.B. ein Therapietermin oder ein Besuch bei der Oma, können Sie dies durch ein weiteres Bild ankündigen. Sobald Ihr Kind die Abläufe verinnerlicht hat, können Sie den Plan wieder abnehmen.

Abb. 2: Bilderplan eines Tagesablaufs

Der Wochenplan: Wenn es Ihrem Kind noch schwerfällt zu erkennen, welcher Wochentag gerade ist, kann ein Wochenplan helfen. Diesen können Sie entweder selbst basteln oder Sie nutzen einen großformatigen Kalender. Falls Ihr Kind die Namen der Wochentage noch nicht selbst lesen kann, sollten Sie diese täglich vorlesen. Zeigen Sie auch im Wochenplan mithilfe eines Pfeils oder einer Hervorhebung an, welcher Tag gerade ist. Besondere Ereignisse wie einen Arztbesuch oder einen Ausflug können Sie nun bereits einige Tage im Voraus ankündigen. So ersparen Sie Ihrem Kind unangenehme Überraschungen.

Der Jahresplan: In höherem Alter wird es für Ihr Kind zunehmend wichtig, den Ablauf eines Jahres – also die Jahreszeiten und die Monate – zu kennen. Hier ist es hilfreich, einen kreisförmigen Plan zu basteln (s. Abb. 3). Zur Förderung der Selbstständigkeit können Sie Ihr Kind mithilfe des Plans zeigen lassen, welche Jahreszeit gerade ist. Lassen Sie es erklären, welches Wetter herrscht und welche Kleidung angemessen ist. Zudem können Sie wichtige Jahresereignisse wie Geburtstage, Weihnachten oder den Sommerurlaub in den Plan eintragen. So kann Ihr Kind besser einschätzen, was als Nächstes kommt und wie lang es noch darauf warten muss.

Anregungen für die Gestaltung anschaulicher Pläne

Die Erfahrung zeigt, dass Menschen mit Intelligenzminderung Bilder oft besser verarbeiten und sich merken als gehörte Informationen. Aufgrund von Defiziten im Langzeitgedächtnis müssen sie manche Informationen täglich neu präsentiert bekommen. Damit sie nicht ständig neben Ihrem Kind stehen und dieselben Informationen wie eine Schallplatte abspielen müssen, sollten Sie Bilderpläne im Alltag etablieren. In den vorangegangenen Abbildungen konnten Sie bereits sehen, wie visuelle

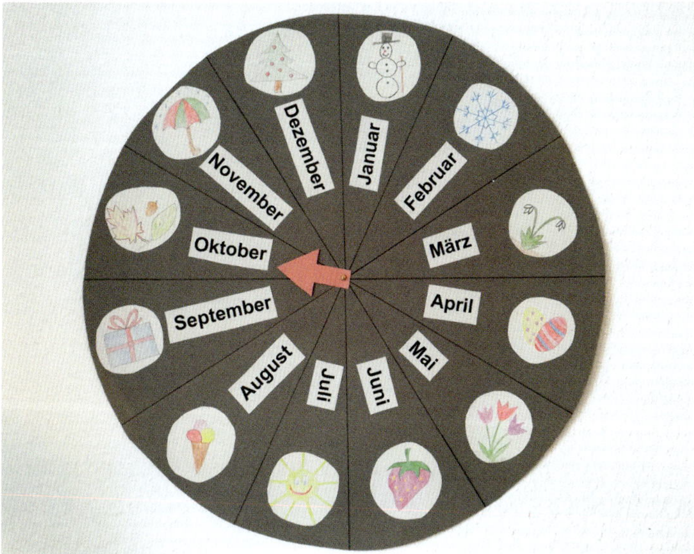

Abb. 3: Ein anschaulicher Jahresplan

Zeitpläne gestaltet werden können. Dies sind jedoch nur Beispiele. Ihrer Kreativität sind keine Grenzen gesetzt. Wichtig ist, dass Ihr Kind die Bilder gut erkennen kann, nicht von unnötigen Details abgelenkt wird und die Bedeutung der Bilder versteht.

Bilder und Symbole: Für die Gestaltung der Bilder gibt es zahlreiche Möglichkeiten. Wer künstlerisch begabt ist, kann die Bilder selbst zeichnen – am besten gemeinsam mit dem Kind. Aber auch im Internet finden sich zahllose einfache Bilder, die Sie problemlos für den privaten Gebrauch nutzen können. Viele Kinder mögen es auch, wenn Sie eigene Fotos verwenden. Das Symbol für den Mittagsschlaf wäre dann z. B. ein Foto vom eigenen Kinderbett. Vielleicht möchte Ihr Kind auch mit aufs Bild.

Gegenstände: Wenn Sie den Ablauf von Routinen verdeutlichen wollen (z. B. das Anziehen der Kleidung oder die Morgenhygiene) können Sie auch die konkreten Gegenstände in der entsprechenden Reihenfolge zurechtlegen. So wird es besonders anschaulich und Ihr Kind muss die Utensilien nicht erst suchen.

Fertige Foto-Kollage-Sets: Wenn Sie keine Lust zum Basteln haben, können Sie fertige Rahmensets oder ein Fotoseil mit kleinen Klammern kaufen. Besonders praktisch sind sogenannte „Fotovorhänge“ mit Fototaschen aus Plastik. Hier können Sie ganz flexibel Bilder hineinstecken und wieder entfernen. Und sie funktionieren sogar unter der Dusche.

Die meisten Kinder mit geistiger Behinderung haben außerdem keine Vorstellung davon, wie lang eine Sekunde, eine Minute oder gar eine Stunde dauert. Hinweise wie „Du darfst noch zehn Minuten spielen. Dann räumen wir auf“, fruchten deshalb wenig. Wahrscheinlich wird das Kind vom Ende der Spielzeit überrascht werden und trotzig reagieren. Viele Kinder verlieren sich auch in Aufgaben wie dem eigenständigen Anziehen und werden nie rechtzeitig fertig.

Damit Ihr Kind den Zeitraum besser abschätzen kann, können Sie auch hier anschauliche Signale nutzen. Die einfachste Lösung ist die Verwendung eines Weckers. Wenn Ihr Kind das Ablaufen der Zeit bildlich sehen muss, dann können Sie einen sog. „Time Timer“ nutzen. Die verfügbare Zeit wird hier durch einen roten Balken dargestellt, der langsam kleiner wird. Solche Geräte sind erhältlich bei Amazon oder unter www.timetimer.de. Alternativ dazu können Sie auch die Timer-Funktion auf Ihrem Smartphone verwenden.

Beispiel

Oleksander (8 Jahre) *darf nach dem Abendessen noch eine halbe Stunde spielen, bevor er ins Bad und dann ins Bett gehen muss. Oleksander freut sich jeden Abend aufs Spielen. Wenn seine Mutter ihn ins Bad bringen will, gibt es jedoch jedes Mal Streit. „Ich habe doch gerade erst begonnen. Nur noch zehn Minuten", bettelt Oleksander. So zieht sich das Abendritual ewig in die Länge. Um Oleksander die 30 Minuten sichtbar zu machen, stellt die Mutter ihm deshalb den Timer auf ihrem Handy ein. An dem kleiner werdenden Farbstreifen erkennt Oleksander, wie seine Spielzeit langsam abläuft. Am Ende erklingt ein Kinderlied als Klingelton und leitet das Abendritual mit Waschen und Vorlesen ein. Oleksander gelingt es nun immer leichter, das Spielen zu beenden. Die Abende verlaufen harmonischer.*

Räumliche Orientierung

Auch die räumliche Orientierung fällt vielen Menschen mit Intelligenzminderung schwer. Sie können nicht immer benennen, wo sie gerade sind, und benötigen oft eine Begleitung, wenn sie das Haus verlassen. In sonderpädagogischen Einrichtungen werden deshalb die Räume und Wege häufig mit Bildern und Symbolen gekennzeichnet. In Ihrer eigenen Wohnung werden Sie solche Hilfen eher nicht benötigen. Die meisten Kinder mit geistiger Behinderung finden sich in ihrer vertrauten Umgebung gut zurecht. Manche Kinder haben jedoch Probleme, Gegenstände zu finden und an den richtigen Ort zurückzulegen. Zudem können zu viele Reize überfordernd und verunsichernd wirken. Hier finden Sie einige Tipps, wie Sie Ihrem Kind die Orientierung in den eigenen vier Wänden erleichtern können:

Gestalten Sie die Räume reizarm und übersichtlich: Insbesondere das Kinderzimmer sollte eher minimalistisch eingerichtet werden, damit sich Ihr Kind darin zurechtfindet. Manche Kinder mit geistiger Behinderung räumen sehr gern auf und stellen alle Gegenstände immer an denselben Platz. Dies vermittelt ihnen Sicherheit und Vertrautheit. Falls Ihr Kind eher zur chaotischen Sorte gehört, sollten Sie selbst regelmäßig für Ordnung sorgen. Sofern es dazu in der Lage ist, können Sie es durchaus ermutigen, mitzuhelfen.

Halten Sie Schränke und Behälter verschlossen: Falls sich Ihr Kind noch in der Phase befindet, in der es Spielzeug wahllos auskippt und durcheinander wirft, geben Sie ihm stets nur ein bis zwei Spielsachen heraus. So kann Ihr Kind sich konzentriert mit einer Sache beschäftigen. Die meisten Kinder vermissen die Dinge hinter verschlossenen Türen nicht, ganz im Sinne von: „Aus den Augen aus dem Sinn."

Legen Sie wichtige Gegenstände immer am selben Ort ab: Zahnbürste, Schuhe, Ranzen, Kuscheltier. Dinge, die Ihr Kind täglich nutzt und selbstständig finden soll, sollten Sie immer am selben Ort aufbewahren.

Blenden Sie störende Reize aus: Wenn Ihr Kind sich bei wichtigen Aufgaben immer wieder von äußeren Reizen ablenken lässt, kann es helfen, einen Sichtschutz zu nutzen. Ziehen Sie z.B. die Vorhänge zu, wenn Ihr Kind beim gemeinsamen Abendessen unentwegt aus dem Fenster schaut. Oder trennen Sie den Hausaufgabenplatz Ihres Kindes mit einem Raumteiler von der Spielecke ab.

Kennzeichnen Sie wichtige Orte mit Bildern: Manchen Kindern mit Intelligenzminderung fällt es schwer, Gegenstände wiederzufinden oder richtig zu platzieren. Auch hier können Sie Bilder als Hilfestellung nutzen. So können z.B. Bilder an den Küchenschubladen helfen, Teller und Besteck schneller zu finden. Symbole oder Fotos an der Front von Spielkisten verhindern, dass Ihr Kind alles ausschüttet, um sein Lieblingsspielzeug zu finden.

Viele der hier beschriebenen Tipps und Strategien sind an den TEACCH-Ansatz angelehnt (mehr Informationen dazu finden Sie in Kap. 5 Literatur zum Weiterlesen).

Problemfall Umzug

Ein Umzug kann auf Menschen mit geistiger Behinderung extrem verwirrend und verunsichernd wirken. Genau wie wir müssen sie erst einmal lernen, wo nun alles steht, und neue Abläufe verinnerlichen. Die Gewöhnung an die neuen Gegebenheiten dauert jedoch deutlich länger. So kann es schon einige Wochen oder Monate dauern, bis Ihr Kind den Weg vom Kinderzimmer zur Toilette wieder selbstständig findet. Hier müssen Sie Geduld beweisen und die Abläufe täglich neu einüben. Wenn nötig können Sie auch visuelle Hilfsmittel nutzen: Heften Sie z. B. Bilder an die Türen, sodass Ihr Kind weiß, welches Zimmer dahinter ist. Oder Sie kleben Pfeile auf den Boden, um wichtige Wege sichtbar zu machen.

Wundern Sie sich nicht, wenn die Methoden der Strukturierung und der Visualisierung nicht nur Ihrem besonderen Kind, sondern auch dem Rest der Familie helfen. Endlich findet Ihr Mann die Küchenschere selbst und fragt nicht mehr ständig nach. Und Ihre schusselige Teenagertochter vergisst nicht mehr den wichtigen Zahnarzttermin. Struktur und Regelmäßigkeit tun allen Menschen gut. Vielleicht finden Sie dadurch sogar selbst etwas Entspannung!

Teilhabe ermöglichen – Erziehung zur Selbstständigkeit

Alle Eltern wünschen sich, dass ihre Kinder ein selbstständiges Leben führen können, wenn sie erwachsen sind. Bestätigt sich die Diagnose einer geistigen Behinderung, befürchten viele zunächst, dass ihr Kind nun für immer hilflos und abhängig bleiben wird. Doch dem ist nicht so. Auch wenn Menschen mit geistiger Behinderung mehr als andere auf stützende Rahmenbedingungen und fremde Hilfe angewiesen sind, so können und wollen sie doch in vielen Bereichen selbstständig werden.

Als Eltern können Sie dies unterstützen, indem Sie Ihr Kind von Beginn an in alltägliche Abläufe und Aufgaben einbeziehen. Sich selbstständig anziehen, Zähne putzen, das Zimmer aufräumen, den Tisch decken – all das sind Dinge, die auch Ihr Kind lernen kann. Die Selbstständigkeit des Kindes zu fördern, kostet oft mehr Zeit, als wenn Sie die Dinge selbst erledigen. Ihr Kind wird jedoch in vielerlei Hinsicht davon profitieren.

Warum Selbstständigkeit für Kinder mit Intelligenzminderung so wichtig ist

Selbstständig zu werden, ist für alle Kinder wichtig. Manche Eltern neigen jedoch dazu, den Kindern zu viel abzunehmen. Dies ist für altersgerecht entwickelte Kinder auch problematisch, jedoch können sie im Erwachsenenleben viele Lernerfahrungen nachholen. Spätestens, wenn sie in die erste WG ziehen, lernen sie zu kochen, zu putzen und die Waschmaschine zu bedienen.

Junge Erwachsene mit geistiger Behinderung können diese Lernerfahrungen jedoch nicht so schnell aufholen. Aufgrund ihrer kognitiven Einschränkungen und der geringen Merkfähigkeit benötigen sie die Hilfe ihrer Bezugspersonen, um diese Fähigkeiten zu erwerben. Zum Lernen brauchen sie mehr Zeit und regelmäßige praktische Übungen. Es ist deshalb empfehlenswert, mit der Förderung der Alltagsselbstständigkeit früh zu beginnen. Dies hat zahlreiche Vorteile für Ihr Kind und die gesamte Familie:

Vorbereitung auf das Erwachsenenleben: Je selbstständiger Ihr Kind ist, desto mehr Möglichkeiten bieten sich im Erwachsenenalter bei der Auswahl der Wohnform und der Arbeitsstätte. Wer sich selbstständig anziehen, waschen und das eigene Essen zubereiten kann, benötigt keine ganztägige Betreuung. Grundlegende hauswirtschaftliche Fertigkeiten bieten zudem mehr Möglichkeiten bei der Berufswahl.

Das Selbstvertrauen wächst: Kinder mit geistiger Behinderung erleben sich häufig als hilflos. Oft verstehen sie nicht, was um sie herum passiert und was von ihnen erwartet wird. Mit jeder Aufgabe, die sie selbst bewältigen, wächst ihr Selbstbewusstsein und das Vertrauen in ihre Fähigkeiten. Zeigen Sie Ihrem Kind, wie stolz Sie sind, und loben Sie es ausgiebig!

Entlastung und Zeit: Je mehr Dinge Ihr Kind selbst tun kann, desto mehr Freiräume gewinnen Sie. Nutzen Sie die gewonnene Zeit für Ihre eigene Entspannung und schöne gemeinsame Aktivitäten. Stören Sie sich nicht daran, wenn einige Aufgaben nun nicht mehr ganz so perfekt, dafür aber von anderer Hand erledigt werden.

Fairness gegenüber den Geschwistern: Die Geschwister eines Kindes mit Intelligenzminderung müssen oft zurückstecken. Wie unfair erscheint es dann erst, wenn ihm auch noch alle Aufgaben abgenommen werden. Achten Sie darauf, dass jedes Ihrer

Kinder einen gerechten Beitrag zum Familienleben leistet – je nach seinen Fähigkeiten.

Grundlegende Strategien zur Förderung der Alltagsselbstständigkeit

Damit Kinder mit Intelligenzminderung lernen, schwierige Alltagsaufgaben selbstständig auszuführen, benötigen Sie Hilfe und Anleitung von Erwachsenen. Hier finden Sie einige hilfreiche Tricks und Kniffe:

Passen Sie die Anforderungen an die Fähigkeiten Ihres Kindes an: Wie viel Selbstständigkeit Ihr Kind erlernen kann, hängt von seinen individuellen Eigenschaften, aber auch vom Schweregrad der Intelligenzminderung ab. Setzen Sie bei neuen Aufgaben an seinen individuellen Fähigkeiten an und erhöhen Sie die Anforderungen schrittweise. So können Sie z. B. beim Zubereiten von Butterbroten Ihr Kind zunächst den Belag auswählen und auflegen lassen. Danach erlernt es, die Butter so vorsichtig aufs Brot zu schmieren, dass dieses nicht zerreißt. Zum Schluss üben Sie mit ihm, das Butterbrot mit dem Messer zu teilen.

Zergliedern Sie komplexe Aufgaben in einzelne Handlungsschritte: Viele Aufgaben bestehen aus mehreren Schritten, die in der korrekten Reihenfolge durchgeführt werden müssen. So muss z.B. beim Aufräumen des Kinderzimmers zunächst herumliegendes Spielzeug weggeräumt werden. Danach wird Staub gewischt. Und am Ende wird gefegt oder gesaugt. Führen Sie mit Ihrem Kind immer nur einen Handlungsschritt aus. Danach geht es zum nächsten weiter.

Nutzen Sie anschauliche Bilder: Damit Ihr Kind die Handlungsschritte nicht vergisst und selbstständig ausführen kann, können Sie den Ablauf mit einem Bilderplan veranschaulichen. Praktische Anregungen hierzu finden Sie in Kap 3.

Üben Sie regelmäßig: Je nach Schwierigkeit der Aufgabe kann es eine gewisse Zeit dauern, bis Ihr Kind diese selbstständig beherrscht. Kinder mit geistiger Behinderung lernen langsamer und brauchen häufige Wiederholungen. Bis sich Ihr Kind allein anzieht oder wäscht, kann es durchaus einige Monate oder Jahre dauern. Hier gibt es keinen anderen Weg, als täglich geduldig weiter zu üben.

Loben und Belohnen Sie Ihr Kind: Sich selbstständig die Zähne zu putzen oder ein Brot zu schmieren, ist für die meisten Menschen keine besondere Herausforderung. Wir erledigen solche Dinge im Alltag quasi nebenbei. Für ein Kind mit geistiger Behinderung sind es jedoch ganz besondere Leistungen. Loben Sie Ihr Kind deshalb regelmäßig. An den Tagen, an denen nicht alles gelingt, können Sie Ihr Kind für seine besondere Anstrengung loben. Wenn Ihrem Kind eine Aufgabe besonders schwer fällt, können Sie es auch mit der Aussicht auf eine kleine Belohnung motivieren.

Beispiel

Mario (13 Jahre) *gelingt es noch nicht, sich selbstständig zu duschen. Immer wieder vergisst er, was er nacheinander tun muss. In seiner Hektik reibt er sich Seife in die Augen und spült sich nicht vollständig ab. Sein Vater muss ihm deshalb beim Duschen und Haarewaschen helfen. Seit einiger Zeit schämt sich Mario deswegen; er wird wütend und schlägt nach dem Vater. Damit Mario sich zukünftig selbstständig duschen kann, bespricht der Vater mit ihm die Abläufe. Gemeinsam erstellen sie einen Bilderplan mit den einzelnen Schritten. Die Bilder werden laminiert und in der richtigen Reihenfolge innen an die Duschwand geklebt. Nach einigen Übungsdurchläufen gelingt Mario das Duschen nun selbstständig. Er ist sehr stolz.*

Die wichtigsten Bereiche der Selbstständigkeitsförderung

Im Alltag gibt es zahlreiche Situationen, in denen selbstständiges Handeln gefragt ist. Welche Bereiche Sie besonders fördern möchten, hängt von Ihren eigenen Bedürfnissen und den Fähigkeiten Ihres Kindes ab. Da Kinder mit Intelligenzminderung sich sehr unterschiedlich entwickeln, ist es nicht möglich anzugeben, in welchem Alter Ihr Kind welche Fähigkeiten erwerben sollte. Bei einer mittelgradigen bis schweren Intelligenzminderung können einige Aufgaben wie das selbstständige Fahren mit dem öffentlichen Nahverkehr oder das Einkaufen auch im Erwachsenenalter nicht selbstständig durchgeführt werden. Manche Kinder werden zudem durch zusätzliche körperliche Erkrankungen oder Beeinträchtigungen des Sehens und Hörens eingeschränkt. Welche Aufgaben Sie Ihrem Kind zutrauen und wann Sie diese fördern möchten, müssen Sie selbst entscheiden. Hören Sie auf Ihr Bauchgefühl. Hilfreich ist eine gute Selbstständigkeit in folgenden Bereichen:

- Körperpflege
  - den Körper mit einem Waschlappen waschen
  - Duschen und Baden
  - Zähne putzen
  - Haare waschen
  - Haut und Nägel pflegen
- Umgang mit der Kleidung
  - selbstständiges Ausziehen
  - selbstständiges Anziehen in der richtigen Reihenfolge (hier kann ein Bilderplan helfen)
  - witterungsgerechte Auswahl der Kleidung
  - Wäsche in den Wäschekorb legen, Wäsche aufhängen, eventuell auch Bedienung der Waschmaschine

- Pflege von Wohnräumen
  - das eigene Zimmer aufräumen
  - Staub wischen
  - Bodenpflege (fegen, staubsaugen, wischen)
- Essen und Nahrungszubereitung
  - selbstständiges Essen mit Besteck
  - Brote schmieren
  - bei der Essenszubereitung helfen (Tisch decken, Gemüse schälen und schneiden, beim Kochen helfen)
  - Geschirr spülen und abtrocknen
  - Mahlzeiten in der Mikrowelle oder im Backofen erwärmen
  - einfache Gerichte selbstständig kochen (z.B. Nudeln mit Tomatensoße, Rührei, Salat zubereiten)

Tipp

→ ***Beziehen Sie die ergotherapeutische Fachkraft mit ein:*** *Etwa ab dem Grundschulalter sollte in der Ergotherapie die Förderung lebenspraktischer Fertigkeiten im Vordergrund stehen. Hier kann Ihr Kind z.B. lernen, Verschlüsse zu öffnen und zu schließen, eine Schleife zu binden oder mit Besteck zu essen. Besprechen Sie regelmäßig mit der ergotherapeutische Fachkraft, welche Ziele gerade verfolgt werden und was Sie zu Hause üben können.*

Aufgaben für Fortgeschrittene

Manche Alltagsaufgaben können Kinder mit geistiger Behinderung nur schwer selbstständig erledigen. Dazu zählt z.B. das Haus allein zu verlassen, den öffentlichen Nahverkehr zu nutzen und selbstständig einzukaufen. Hier müssen Sie genau abwägen, was Sie Ihrem Kind zutrauen können und möchten. **Kleine Wege und Einkäufe** können im nahen Wohnumfeld geübt werden. Hierbei kann es hilfreich sein, Wege regelmäßig gemeinsam abzugehen und z.B. den Bäcker oder die Besitzerin des nahegelegenen Kiosks zu informieren, dass Ihr Kind von nun an selbstständig einkauft. Für den Notfall können Sie Ihrem Kind ein einfaches Handy mitgeben, auf dem Sie über Kurzwahl zu erreichen sind. Der **Umgang mit Geld** fällt vielen Menschen mit Intelligenzminderung schwer, da ihnen oft das Verständnis für Mengen und Zahlen fehlt. Gehen Sie deshalb zunächst gemeinsam einkaufen und teilen Sie Ihrem Kind das Geld gut ein.

Beispiel

Sophie (10 Jahre) *beschwert sich, dass sie nicht wie ihre anderen Geschwister Taschengeld erhält. Die Eltern hatten bisher darauf verzichtet, da Sophie Geld immer sofort ausgibt und an der Kasse nicht auf das Wechselgeld wartet. Um ihr zu zeigen, wie man richtig einkauft, nimmt sie die Mutter nun oft zum Wocheneinkauf mit. Sophie hilft beim Aussuchen der Artikel und legt sie in den Einkaufswagen. An der Kasse übt sie mit der Mutter, wie man bezahlt und auf das Wechselgeld wartet. Ab ihrem elften Geburtstag erhält Sophie zwei Euro Taschengeld pro Woche. Als sie am folgenden Wochenende mit der Mutter einkaufen geht, darf sie das Geld ausgeben. Dabei merkt sie schnell, dass man für zwei Euro gar nicht so viel kaufen kann. Sie sucht sich eine Zeitschrift und Bonbons aus und bezahlt diese selbstständig an der Kasse. Natürlich möchte sie ihr Wechselgeld zurückhaben. Erst einige Monate später wird Sophie bewusst, dass sie, wenn sie das Geld spart, auch etwas Größeres kaufen kann. Von nun an, legt sie jede Woche einen Euro in ihre Spardose. Sobald das Geld ausreicht, möchte sie sich dafür ein Pferdepuzzle kaufen.*

Herausforderndes Verhalten begrenzen – Ideen für eine gelingende Erziehung

Viele Kinder mit geistiger Behinderung zeigen sogenannte herausfordernde Verhaltensweisen. Bei manchen gelingt es nach einiger Zeit, sie in den Familienalltag zu integrieren. Andere werden als sehr belastend erlebt, da sie dem Kind selbst oder der Familie schaden. Im Folgenden bekommen Sie einige grundlegende Erziehungsmethoden an die Hand, die Ihnen helfen werden, mit problematischem Verhalten besser umzugehen oder dieses bereits im Vorfeld zu verhindern. Wie so oft wirkt nicht jeder Ratschlag bei jedem Kind. Probieren Sie also Verschiedenes aus und suchen Sie auch selbst nach kreativen Lösungen. Sie kennen Ihr Kind am besten. Wenn Sie nicht mehr weiter wissen, sollten Sie sich nicht scheuen, professionelle Hilfe in Anspruch zu nehmen.

Woher kommt das problematische Verhalten?

Herausforderndes Verhalten kann bei Kindern mit geistiger Behinderung in verschiedenen Formen auftreten. Manche Kinder geraten schnell in Wut, schlagen um sich, quieken und schreien. Andere verletzen sich selbst oder zerstören ihre Sachen. In schweren Fällen urinieren Kinder absichtlich in die Wohnung, schmieren mit Kot oder essen ungenießbare Dinge wie Sand oder Papier. Solche Verhaltensweisen können Eltern sehr erschrecken und belasten. Wenn die Verhaltensauffälligkeiten über den gesamten Tag bestehen, kann man das Kind oft gar nicht mehr aus den Augen lassen. Wichtig ist deshalb zunächst herauszufinden, woher das Verhalten kommt. Ist es ein überdauerndes Verhaltensmuster oder ein neues Verhalten, das auf aktuelle Schwierigkeiten hinweist? Folgende Ursachen sind möglich:

Das besondere Verhalten entspricht dem aktuellen Entwicklungsstand: Kinder mit einer Intelligenzminderung entwickeln sich langsamer als ihre Altersgenossen. Ihr Entwicklungsalter entspricht nicht dem tatsächlichen Lebensalter. Viele besondere Verhaltensweisen lassen sich mithilfe dieser verzögerten Entwicklung erklären. So kann Trotzverhalten, das üblicherweise zwischen dem 2. und 5. Lebensjahr beobachtet wird, bei Kindern mit geistiger Behinderung auch noch in wesentlich höherem Alter auftreten. Nachtängste, die meist in der Vorschulzeit bestehen, treten auch noch im Jugendalter auf. Und pubertäre Verhaltensweisen halten sich bis ins frühe Erwachsenenalter. Bei diesen Problemen müssen meist keine besonderen Erziehungsmethoden angewandt werden. Versuchen Sie stattdessen, sich immer wieder das Entwicklungsalter Ihres Kindes in Erinnerung zu rufen und stimmen Sie Ihre Erziehungsmaßnahmen darauf ab. Erziehungsratgeber für die entsprechende Altersgruppe können hilfreich sein.

Verhaltensbesonderheiten im Rahmen eines genetischen Syndroms oder einer anderen Grunderkrankung: Viele genetische Syndrome gehen mit besonderen Verhaltensweisen einher. So haben beispielsweise Kinder mit dem Prader-Willi-Syndrom oft kein Sättigungsgefühl und essen alles, was sie finden können. Kinder mit dem Smith-Magenis-Syndrom neigen zu Hyperaktivität und selbstverletzendem Verhalten. Tritt die Intelligenzminderung im Rahmen einer Autismus-Spektrum-Störung oder eines Fetalen Alkoholsyndroms auf, zeigen sich besondere Auffälligkeiten in der Wahrnehmung und im Verhalten. In diesen Fällen ist das krankheitsbedingte Verhalten meist nicht vollständig abstellbar; es gehört zur besonderen Persönlichkeit des Kindes. Es gibt jedoch vielfältige Maßnahmen, die zu einer Verbesserung des Verhaltens beitragen können und das Zusammenleben mit dem Kind erleichtern. Hierzu sollten Sie sich von Fachleuten beraten lassen. Helfen können zudem Selbsthilfegruppen, Elternvereine und Ratgeberbücher für die entsprechenden Syndrome (siehe hierzu Adressen in Kap. 5).

Problemverhalten als Ausdruck von Überforderung und seelischer Not: Wenn ein problematisches Verhalten nur in bestimmten Situationen auftritt oder erst seit kurzer Zeit besteht, ist es möglich, dass das Kind damit eine psychische Belastung ausdrückt. Menschen mit geistiger Behinderung zeigen uns ihre Notlagen oft über ihr Verhalten, da ihnen die sprachlichen Mittel und die Fähigkeit zur Selbstreflexion fehlen. So könnte es sein, dass ein Kind eine schulische Überforderungssituation dadurch ausdrückt, dass es sich die Haare ausreißt. Oder ein Jugendlicher beginnt wahllos Dinge zu zerstören, weil er sich einsam und unausgelastet fühlt. In diesen Fällen muss genau überlegt werden, auf welche Belastung das Kind reagiert und wie die Situation verbessert werden kann. Wenn man selbst keine Lösung findet, sollte professionelle Beratung hinzugezogen werden.

Wie Sie herausforderndes Verhalten schon im Vorfeld verhindern

Struktur und Verlässlichkeit schaffen

Menschen mit Intelligenzminderung nehmen die Welt anders wahr als wir. Aufgrund ihrer eingeschränkten Fähigkeit, Zusammenhänge zu erkennen und sich flexibel auf neue Situationen einzustellen, erleben sie die Welt oft als chaotisch, überfordernd und unsicher. Jede neue Situation, für die sie noch keinen Handlungsplan haben, kann Gefühle von Angst und Widerstand auslösen. Ein großer Teil der Verhaltensauffälligkeiten entsteht als Folge einer solchen Verunsicherung.

So lässt sich immer wieder beobachten, dass Kinder mit geistiger Behinderung dann auffälliges Verhalten zeigen, wenn sich etwas an den üblichen Abläufen ändert und sie mit neuen Dingen konfrontiert werden. Schöne Tage wie Weihnachten, Fasching oder den eigenen Geburtstag kann das Kind dann oft gar nicht genießen. In Kapitel 3 habe Sie bereits erfahren, wie Sie Ihrem Kind durch Maßnahmen der Strukturierung und Visualisierung mehr Sicherheit schenken können. Nutzen Sie diese auch, um schwierigem Verhalten vorzubeugen.

Beispiel

Emilija (9 Jahre) *ist ein ruhiges und umgängliches Mädchen. Manchmal bekommt sie jedoch einen heftigen Wutanfall; das passiert immer dann, wenn spontan Termine anstehen, z. B. ein Arztbesuch oder ein Ausflug zu den Großeltern. Sie schreit dann, weint und beißt sich in die Arme. Es dauert lange, bis die Eltern mit Emilija losfahren können. Damit sie künftig von den Terminen nicht so überrascht wird, sprechen die Eltern bereits am Abend zuvor mit ihr darüber. In ihrem Bilder-Wochenplan wird ein anstehender Termin mit einem Symbolbild angezeigt. Jetzt kann sich Emilija auf die Veränderung einstellen und die Wutanfälle fallen wesentlich milder aus.*

Etablieren Sie gleichbleibende Abläufe und Rituale: Kindern mit geistiger Behinderung hilft es, wenn jeder Tag in etwa demselben Schema folgt. Das Aufstehen und Zu-Bett-Gehen sowie die Mahlzeiten sollten immer zur selben Uhrzeit stattfinden. Viele Kinder profitieren auch in höherem Alter noch von Ritualen. So kommen Sie zum Beispiel mit einem gut eingespielten Zu-Bett-Geh-Ritual besser zur Ruhe.

Veränderungen vorbereiten: Natürlich bleiben Veränderungen niemals aus – und das müssen sie auch nicht. Immer mal wieder stehen Arztbesuche an, es findet eine Geburtstagsfeier statt oder Sie fahren in den Urlaub. Damit Ihr Kind sich darauf einstellen kann, können Sie die anstehenden Veränderungen bereits einige Tage oder auch Wochen zuvor ankündigen. Wiederholen Sie die Information des Öfteren und klären Sie die Fragen Ihres Kindes. Wenn Sie einen visuellen Tages- oder Wochenplan nutzen, können Sie das anstehende Ereignis mit einem Bild ankündigen.

Eine reizarme Umgebung schaffen: Viele Kinder mit geistiger Behinderung sind schnell überreizt. In einem Zimmer mit zahlreichen grellen Reizen verlieren sie den Überblick. Sie können Ihr Kind bei der Orientierung unterstützen, indem Sie auf eine möglichst reizarme Umgebung achten. Wichtige Gegenstände sollten immer am selben Ort platziert werden, damit Ihr Kind sie selbstständig wiederfinden kann.

Klare Regeln und Konsequenzen vereinbaren: Auch Kinder mit Intelligenzminderung brauchen klare Verhaltensregeln. So lernen sie, wie man sich in einer Gemeinschaft verhält und sie werden gruppenfähig. Wenn sich Ihr Kind noch nicht viel merken kann und es ihm schwer fällt, sich selbst zu regulieren, sollten Sie sich zunächst auf einige wenige Regeln beschränken, die Ihnen besonders wichtig sind. Zum Beispiel „Wir schlagen nicht“ oder „Wir werfen nicht mit dem Essen“. Bei Fehlverhalten sollten zeitnah moderate Konsequenzen erfolgen (z. B. ein Fernsehverbot am Abend oder eine verkürzte Tablet-Zeit).

Auslösende Situationen vermeiden: Manche Kinder mit geistiger Behinderung verfallen immer wieder in denselben Situationen in unerwünschtes Verhalten. Die Eltern können bereits die Uhr danach stellen. Typische Situationen sind z. B. das Einkaufen im Supermarkt, Familienfeiern, das Faschingsfest im Kindergarten oder ganz allgemein Übermüdung und Überreizung. Wenn

Ihr Kind sich an diese Situationen nicht gewöhnen kann und immer gleich reagiert, ist es die beste Lösung, die entsprechenden Situationen zu vermeiden. Gehen Sie allein einkaufen. Lassen Sie Ihr Kind am Faschingstag zu Hause. Und stecken Sie ein übermüdetes oder überreiztes Kind ins Bett.

Verhaltenspläne und Belohnungssysteme

Manche Verhaltensweisen lassen sich trotz aller vorbeugenden Maßnahmen nicht vermeiden. In diesen Fällen kann ein individueller Verhaltensplan mit einem Belohnungssystem helfen. Bei einem solchen System erhält das Kind für gutes Verhalten eine Belohnung, z. B. ein lachendes Smiley. Die Smileys werden in einen Kalender eingeklebt (s. Abb. 4). Wenn das Kind eine vorher abgesprochene Anzahl von Smileys gesammelt hat, darf es diese gegen eine größere Belohnung eintauschen (z. B. ein kleines Spielzeug oder einen Ausflug). Bei Kindern mit geistiger Behinderung sind solche Pläne oft sehr wirksam. Die einfachen Wenn-Dann-Regeln kann das Kind gut verstehen und die Belohnung wirkt motivierend.

Beispiel

Max (9 Jahre) *fällt es schwer, Verbote zu akzeptieren. Wenn er seinen Willen nicht bekommt, schreit er laut und schlägt um sich. Einmal hat er bereits seine kleine Schwester heftig gegen den Kopf geschlagen. Die Mutter macht sich Sorgen. Gemeinsam mit einer Kinderpsychologin entwickelt sie einen Verhaltensplan für Max. Ab jetzt wird jeder Tag mit Max ausgewertet. Wenn er sich gut benommen hat, erhält er ein lachendes Smiley; wenn er jemanden geschlagen hat, gibt es ein trauriges Smiley. Wenn Max am Ende der Woche drei lachende Smileys gesammelt hat, erhält er ein kleines Spielzeugauto. Max ist stolz, wenn er sein Wochenziel erreicht hat.*

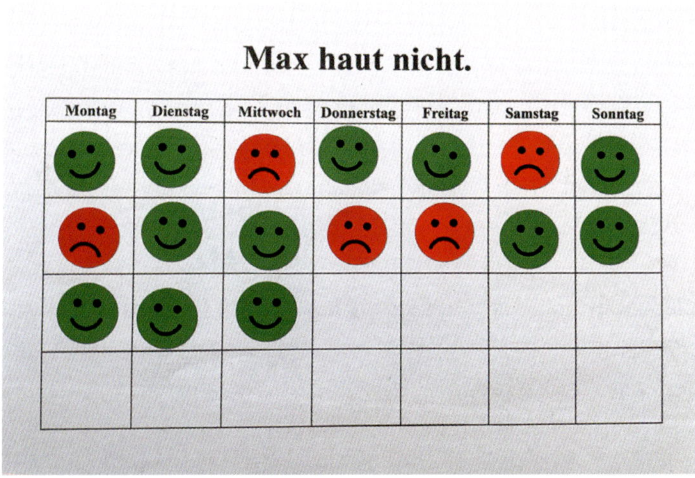

Abb. 4: Ein einfacher Belohnungsplan für Max

In Schulen und Betreuungseinrichtungen werden Belohnungssysteme häufig eingesetzt. Im Folgenden erhalten Sie einige Ratschläge, wie Sie das System auch zu Hause effektiv nutzen können.

Setzen Sie Belohnungssysteme nur punktuell ein: Belohnungssysteme sollten nur in dringenden Fällen eingesetzt werden, da es Kindern mit Intelligenzminderung sehr schwer fällt, das eigene Verhalten selbstständig zu steuern. Wenn Sie zu viele Regeln aufstellen, könnte das zu einer Überforderung führen.

Finden Sie passende Belohnungen: Die Belohnungen müssen für Ihr Kind äußerst attraktiv sein, damit es sein Verhalten ändert. Wählen Sie also Dinge oder Aktivitäten aus, die ihm wirklich wichtig sind (z. B. Sammelkarten, eine bestimmte Fernsehsendung oder ein besonderes Spielzeug). Auf Süßigkeiten als Belohnung sollten Sie aus gesundheitlichen Gründen verzichten. Falls Ihr Kind jedoch ausschließlich auf Süßigkeiten reagiert, können Sie diese über einen kurzen Zeitraum nutzen.

Besprechen Sie die Regeln: Wenn Sie einen Belohnungsplan entwickelt haben, müssen Sie diesen Ihrem Kind genau erklären. Drücken Sie sich sehr einfach aus und bitten Sie Ihr Kind, die Regeln zu wiederholen, damit Sie sicher sein können, dass es sie verstanden hat. Fragen Sie auch, ob es etwas anders machen möchte.

Werten Sie täglich aus: Damit das System funktioniert, ist es ratsam, eine tägliche Auswertung vorzunehmen. Bei vielen Kindern eignen sich hierfür die Abendstunden. Besprechen Sie mit Ihrem Kind, wie der Tag verlaufen ist. Wenn es das gewünschte Verhalten gezeigt hat, kleben Sie gemeinsam ein fröhliches Smiley in den Plan ein. Viele Kinder werden bereits durch diese Bilder motiviert und schlafen dann zufrieden ein. Schimpfen Sie nicht, falls es an einem Tag nicht geklappt hat; motivieren Sie Ihr Kind aber, es am nächsten Tag besser zu machen.

Erhöhen Sie die Anforderungen: Bei wie vielen Smileys Sie eine Belohnung versprechen, müssen Sie an die individuellen Fähigkeiten Ihres Kindes anpassen. Für manche Kinder ist es bereits eine Herausforderung, an drei Tagen pro Woche das schwierige Verhalten zu unterlassen. Sobald Ihr Kind das Ziel in mehreren aufeinander folgenden Wochen erreicht hat, können Sie die Anforderungen erhöhen. Nun benötigt das Kind vier oder fünf Smileys für eine Belohnung.

Schleichen Sie das System frühzeitig wieder aus: Wenn der Belohnungsplan gut funktioniert, wird das Kind das gewünschte Verhalten irgendwann auch ohne Belohnung zeigen. In diesem Fall können Sie das Belohnungssystem beenden. Loben Sie Ihr Kind aber weiter, wenn es sich angemessen verhält.

Professionelle Hilfe in Anspruch nehmen

Leider sind Menschen mit Intelligenzminderung überdurchschnittlich häufig von psychischen Erkrankungen betroffen (AWMF online 2021). Wenn Sie mit einem Verhalten überfordert sind oder den Eindruck haben, dass eine psychische Störung besteht, ist es empfehlenswert, sich an die entsprechenden Fachleute zu wenden.

Vorstellung bei einer psychologischen Fachkraft: Aus meiner eigenen Erfahrung muss ich leider sagen, dass das Thema geistige Behinderung sowohl im Psychologiestudium als auch in der Psychotherapieausbildung kaum eine Rolle spielt. Wer als psychologischen Fachkraft mit Kindern mit geistiger Behinderung arbeiten will, muss sich die Kenntnisse durch persönliche Weiterbildung aneignen. Gut ausgebildete psychologische Fachkräfte finden Sie meist in Sozialpädiatrischen Zentren oder Fördereinrichtungen für Menschen mit Behinderung. Aber auch einige **niedergelassene Kinder- und Jugendlichenpsychotherapeutinnen und -therapeuten** arbeiten gern und erfolgreich mit Kindern mit Intelligenzminderung. Erwähnen Sie auf jeden Fall bereits bei der Anmeldung die Behinderung Ihres Kindes und lassen Sie sich beraten, in welcher Form Ihnen die Fachkraft helfen kann. Viele psychologische Fachkräfte haben lange Wartelisten. Wenn die Wartezeit erst einmal vergangen ist, erhalten Sie jedoch eine intensive Behandlung mit meist wöchentlichen Terminen für Ihr Kind und begleitenden Elterngesprächen.

Ärztliche Fachkräfte für Kinder- und Jugendpsychiatrie: Bei stark ausgeprägten Verhaltensauffälligkeiten, die eine Eigen- oder Fremdgefährdung mit sich bringen, sollten Sie Ihr Kind bei einer kinderpsychiatrischen Fachkraft vorstellen. Zu diesen Auffälligkeiten zählen z. B. starke Erregungszustände, eine hohe

Impulsivität, aggressives und autoaggressives Verhalten, massive Schlafstörungen oder auch starke Zurückgezogenheit und emotionale Ausnahmezustände. Kinder- und jugendpsychiatrische Fachkräfte werden Sie nach einer ausführlichen Diagnostik bei Bedarf auch zum Thema **Medikation** beraten. Medikamente gelten stets als letzter Ausweg, wenn alle anderen Maßnahmen und Therapien fehlgeschlagen sind. Sie können äußerst hilfreich und entlastend wirken. Eine medikamentöse Behandlung wird stets nur mit Einverständnis der Eltern durchgeführt und kann in Absprache mit der ärztlichen Fachkraft auch wieder beendet werden.

Akute stationäre Behandlung in der Kinder- und Jugendpsychiatrie: In sehr seltenen Fällen kann eine akute stationäre Einweisung notwendig werden. Dies ist dann der Fall, wenn die Eltern das Gefühl haben, dass sie das Verhalten ihres Kind nicht mehr regulieren können oder wenn sie andere Familienmitglieder oder das Kind selbst nicht vor einer Gefährdung schützen können. Das ist meist nur bei größeren Kindern der Fall. Wenn Sie in eine solche Situation geraten, können Sie Ihr Kind entweder selbst in eine psychiatrische Notfallambulanz bringen oder einen Notdienst rufen (Telefonnummer: 112). Möglicherweise wird die notärztliche Fachkraft bereits vor Ort ein beruhigendes Medikament verabreichen. In der Klinik erfolgen dann weitere diagnostische Verfahren und ggf. eine therapeutische oder medikamentöse Behandlung. Sie können Ihr Kind auf der Station besuchen. Sobald keine Eigen- oder Fremdgefährdung mehr vorliegt, wird Ihr Kind wieder entlassen.

Originelle Ideen für originelles Verhalten

Das Verhalten akzeptieren

Manchmal zeigen auch die raffiniertesten Erziehungsmaßnahmen keine Wirkung. Das Kind setzt sein sonderbares oder störendes Verhalten einfach fort. In diesen Fällen gibt es nur eine Lösung: Lassen Sie es zu. Damit niemand zu Schaden kommt und Sie auch keinen finanziellen Ruin erleiden, sollten Sie nach kreativen Lösungsstrategien suchen. Viele Eltern entwickeln dabei einen faszinierenden Einfallsreichtum.

Beispiel

Amy (5 Jahre) *spielt am liebsten mit Wasser. Stundenlang lässt sie den Wasserhahn laufen und schüttet das Wasser mit kleinen Plastikbechern um. Wenn ihr Vater ihr Spiel beenden will, schreit sie lauthals und schlägt wild um sich. Die Wasserrechnung droht unbezahlbar zu werden. Die Lösung des Vaters: Amy erhält eine große Plastikwanne, die er mit Wasser füllt und ins Bad stellt. Wenn sie vom Kindergarten nach Hause kommt, darf sie mit dem Wasser planschen, solange sie möchte. Im Sommer stellt er die Wanne ins Freie. Wenn es nötig wird, wechselt der Vater das abgestandene Wasser.*

Tarek (15 Jahre) *liebt es, an elektrischen Geräten herumzuschrauben und sie auseinanderzubauen. Damit kann er sich stundenlang beschäftigen. Ein neues Radio und ein Tablet sind so bereits kaputtgegangen. Außerdem verletzt sich Tarek manchmal an den scharfen Kanten. Die Lösung der Eltern: Sie entfernen alle technischen Geräte aus Tareks Zimmer. Tarek erhält eine große Kiste mit kaputten Geräten und anderem nicht gefährlichen „Sondermüll". Dazu bekommt er ein paar einfache Werkzeuge. Alles, was in der Kiste liegt, darf er nach Belieben auseinandernehmen; die anderen Geräte sind ab jetzt tabu.*

In Kap. 5 Literatur zum Weiterlesen finden Sie u.a. einen Literaturtipp zur Einführung in psychische Störungen und passende Erziehungsmethoden.

Mit der Welt in Kontakt treten – Förderung von Sprache und Kommunikation

Sprache als Basis für soziale Teilhabe

Die Fähigkeit, Sprache zu verstehen und sich selbst sprachlich auszudrücken, ist eine wichtige Grundlage, um mit anderen Menschen in Kontakt zu treten und echte Beziehungen aufzubauen. Viele Menschen mit geistiger Behinderung leiden unter ihrer eingeschränkten Sprachfähigkeit. Bei Kindern mit Intelligenzminderung besteht meist eine deutliche Verzögerung der Sprachentwicklung; manche Kinder erlernen gar keine Lautsprache. Aufgrund der verzögerten sprachlichen Entwicklung fällt es den Kindern oft schwer, ihre Bedürfnisse mitzuteilen, Gefühle auszudrücken oder Erstkontaktsituationen zu meistern. Die eingeschränkte Sprachfähigkeit kann außerdem zu Verhaltensproblemen führen. Heilpädagogische Förderung und Logopädie unterstützen den Spracherwerb. Noch wichtiger ist jedoch die regelmäßige Sprachförderung im Alltag. Diese gelingt am besten, wenn Eltern und Betreuende viel mit dem Kind sprechen und es regelmäßig zum Sprechen ermutigen. Für nichtsprechende Kinder wurden verschiedene Formen der Unterstützten Kommunikation entwickelt. Diese ermöglichen es den Kindern, durch ein Hilfsmittel mit anderen Menschen in Kontakt zu treten.

Das Verhältnis von kognitiver und sprachlicher Entwicklung

Die individuelle Sprachfähigkeit von Kindern mit geistiger Behinderung unterscheidet sich sehr stark. Manche Kinder erlernen das Sprechen eher schnell, gemessen an ihren kognitiven

Fähigkeiten, andere langsamer oder gar nicht. Wie ist es bei Ihrem Kind?

Die sprachliche Entwicklung verläuft parallel zur kognitiven Entwicklung: Bei vielen Kindern mit geistiger Behinderung verläuft die sprachliche Entwicklung in derselben Geschwindigkeit wie die kognitive. Das bedeutet, das Kind erlernt die Sprache stetig, jedoch in einem verlangsamten Tempo. Hat z.B. ein sechsjähriges Kind mit Intelligenzminderung den kognitiven Entwicklungsstand eines dreijährigen Kindes, so spricht es in diesem Fall auch wie ein etwa dreijähriges Kind. Es hat also noch einen geringen Wortschatz und einen einfachen, oft fehlerhaften Satzaufbau. Die sprachliche Entwicklung kann in diesem Fall mithilfe von heilpädagogischer Förderung und Logopädie unterstützt werden. Im Alltag sollten die Eltern wie bei kleinen Kindern ihre Sprache an den Entwicklungsstand des Kindes anpassen und es regelmäßig auffordern, neue Worte hinzuzulernen und seine Sprechweise zu verbessern. Besondere Hilfsmittel aus dem Bereich der unterstützten Kommunikation sind meist nicht notwendig. Es genügt eine gute Portion Geduld von Seiten der Familie und der Lehrkräfte in der Schule. Ängstliche Kinder sollten immer wieder zum Sprechen ermutigt werden.

Die sprachliche Entwicklung verläuft schneller als die kognitive Entwicklung: Manche Kinder mit Intelligenzminderung zeigen eine sehr gute Sprachfähigkeit. In diesen Fällen verläuft die sprachliche Entwicklung schneller als die geistige Entwicklung. Die Kinder sprechen dann oft schon recht gewandt und mit ausgeprägtem Wortschatz. Hier besteht die Gefahr, dass sie von fremden Personen hinsichtlich ihrer sonstigen kognitiven Fähigkeiten überschätzt und überfordert werden. Für die Eltern ist es deshalb wichtig, neue Bezugspersonen des Kindes auf die verzögerte kognitive Entwicklung hinzuweisen.

Die sprachliche Entwicklung verläuft langsamer als die kognitive Entwicklung oder bleibt ganz aus: Bei einigen Kindern mit geistiger Behinderung verläuft die sprachliche Entwicklung deutlich langsamer als die kognitive. Diese Kinder sprechen auch in höherem Alter oft nur wenige Worte oder gar nicht. Es besteht dann zusätzlich zur geistigen Behinderung eine schwere Sprachentwicklungsstörung. Typisch ist diese Kombination z.B. bei Kindern mit einem frühkindlichen Autismus oder mit bestimmten genetischen Syndromen (z.B. Smith-Magenis-Syndrom, Phelan-McDermid-Syndrom). Damit auch Kinder ohne oder mit sehr geringer lautsprachlicher Entwicklung am gesellschaftlichen Leben teilhaben können, wurden verschiedene Formen der Unterstützten Kommunikation entwickelt. Mehr dazu finden Sie am Ende dieses Kapitels.

Sprachförderung im Alltag

Wie bereits bemerkt, reichen für eine gute Sprachförderung Therapien allein nicht aus. Damit Kinder mit geistiger Behinderung gut sprechen lernen, müssen sie täglich das Erlebnis machen, dass es schön ist, sich sprachlich mitzuteilen und mit anderen Menschen in Kontakt zu treten. Am besten erwerben Kinder ihre Sprachfähigkeit in vertrauten Beziehungen zu ihren Bezugspersonen, d.h. im Kontakt zu ihren Eltern und Betreuungspersonen. Es ist deshalb hilfreich, wenn Sie regelmäßig mit Ihrem Kind sprechen. Bei wichtigen Absprachen, die Ihr Kind unbedingt verstehen muss, sollten Sie eine einfache Sprache verwenden, die sich an den Fähigkeiten des Kindes orientiert.

Beispiel

Joslyn (8 Jahre) *fällt es schwer, sich mit eigenen Worten auszudrücken. Oft fallen ihr Worte nicht ein oder es gelingt ihr kein fehlerfreier Satzbau. Manchmal wurde sie deshalb von anderen Kindern ausgelacht. In der Öffentlichkeit traut Joslyn sich oft nicht zu sprechen. Die Eltern wollen Joslyn bei ihrer sprachlichen Entwicklung unterstützen. Neben der wöchentlichen Logopädie ist es ihnen wichtig, jeden Tag mit Joslyn das Sprechen zu üben. Beim Zubettgehen lassen sie Joslyn ausführlich von ihrem Tag berichten. Wenn Pausen entstehen, warten sie so lange ab, bis Joslyn die richtigen Worte findet. Mithilfe eines Bilderbuchs erklären sie ihr neue Wörter und fragen am folgenden Tag nach, ob sie die Wörter noch weiß. So schöpft Joslyn Vertrauen in ihre eigenen Fähigkeiten und erlernt immer mehr, ihre Empfindungen und Bedürfnisse sprachlich mitzuteilen.*

Nehmen Sie Kontakt auf: Viele Kinder mit Intelligenzminderung reagieren nicht sofort auf gesprochene Sprache. Es fällt ihnen schwer, Sprache aus den vielen anderen Umgebungsgeräuschen herauszufiltern. Bevor Sie etwas Wichtiges sagen, sollten Sie sich deshalb vergewissern, dass Ihr Kind Ihnen zuhört. Suchen Sie Blickkontakt und nehmen Sie gegebenenfalls leichten Körperkontakt auf. Ein behutsames Tippen auf die Schulter oder den Arm kann als Zeichen dienen.

Sprechen Sie nicht zu viel auf einmal: Vor allem wenn Ihr Kind noch klein ist, kann es nur wenige Informationen gleichzeitig verarbeiten. Versuchen Sie deshalb, sich bei wichtigen Informationen kurz zu fassen. Sprechen Sie in einfachen Sätzen und mit wenigen Worten. Geben Sie Aufgaben und Anweisungen nur einzeln und schrittweise.

Nutzen Sie einfache und bekannte Worte: Verwenden Sie bei wichtigen Absprachen nur Worte, von denen Sie sicher sind, dass Ihr Kind sie bereits kennt. Neue Wörter sollten Sie genau erklären. Dabei können Bilder hilfreich sein.

Fragen Sie Ihr Kind, was es verstanden hat: Um zu überprüfen, ob Ihr Kind alle Informationen verstanden und behalten hat, können Sie es das Gesagte in eigenen Worten wiederholen lassen. Ergänzen Sie gegebenenfalls fehlende Informationen.

Vermeiden Sie Zweideutigkeiten und Ironie: Menschen mit geistiger Behinderung verstehen die Dinge meist wörtlich und glauben, was man ihnen sagt. Sie können nur schwer um die Ecke denken und zwischen den Zeilen lesen. Drücken Sie sich deshalb möglichst immer klar aus. In höherem Alter entwickeln viele Kinder mit Intelligenzminderung einen gewissen Sinn für sprachlichen Humor. In diesem Fall können und sollten Sie sich auf den Spaß einlassen.

Wenn Kinder keine Sprache finden – die vielfältigen Möglichkeiten der Unterstützten Kommunikation

Beispiel

Sebastian (6 Jahre) *hat das „Smith-Magenis-Syndrom". Er kann seine Eltern gut verstehen, aber es ist ihm kaum möglich, selbst Worte auszusprechen. Als Sebastian noch klein war, haben die Eltern mit ihm vor allem über Mimik und Gestik kommuniziert. Sebastian hatte unterschiedliche Zeichen für „Hunger", „Durst" und „Toilette". „Ja" und „Nein" drückte er mithilfe von Nicken und Kopfschütteln aus. Seit einem Jahr hat Sebastian einen „Talker". Dies ist ein Tablet mit vielen Symbolen und Bildern. Wenn Sebastian auf eines der Bilder klickt, wird das Wort laut ausgesprochen. Mithilfe des Talkers kann Sebastian sagen, was er essen und womit er spielen möchte. Er kann seine Gefühle benennen und in der Schule vom Wochenende erzählen. Sebastian wirkt nun emotional ausgeglichener und selbstsicherer.*

Einige Kinder mit geistiger Behinderung zeigen besonders große Probleme beim Spracherwerb. Sie sprechen nur einzelne Worte, machen Geräusche und Laute oder sprechen gar nicht. Auch diese Kinder haben ein Mitteilungsbedürfnis und nutzen hierzu meist nonverbale Kommunikationsformen wie Mimik, Gestik und ihre Körpersprache. Damit sie sich besser ausdrücken und am sozialen Leben teilhaben können, wurde die sogenannte **Unterstützte Kommunikation (kurz: UK)** entwickelt.

Tipp

→ *Einige logopädische Fachkräfte besitzen eine Zusatzausbildung in Unterstützer Kommunikation. Diese beraten Sie zu geeigneten Hilfsmitteln, üben den Einsatz der UK mit Ihrem Kind und beraten auch das weitere Umfeld zur Anwendung der Unterstützten Kommunikation im Alltag (z. B. Kita, Schule).*

Mit Bildern sprechen

Das Prinzip der Unterstützten Kommunikation ist einfach: Statt der Sprache nutzt das Kind Bilder zu Verständigung. Es kann mithilfe von Bildern seine Bedürfnisse anzeigen sowie Zustimmung und Ablehnung ausdrücken. Später wird es mithilfe der Bilder auch von seiner Familie erzählen, Hobbies und Interessen mitteilen und mit anderen Menschen in Kontakt treten. Damit dies gelingt, muss das Kind zunächst verstehen, dass es mit einem Bild etwas ausdrücken kann. Zu Beginn nutzt man dazu am besten einzelne Bilder, die auf Kärtchen gedruckt oder gemalt werden. Diese Bilder sollten etwas zeigen, das das Kind besonders gern mag, z. B. ein Lebensmittel oder ein bestimmtes Spielzeug. Die Eltern geben dem Kind die gewünschte Sache nun nur noch, wenn es das entsprechende Bild zeigt. Hat das Kind das System einmal verstanden, können weitere Bilder hinzugefügt werden. So wird der Kommunikationsraum des Kindes immer größer. Die Bilder können dann auf eine Tafel geheftet oder in ein Buch geklebt werden. Das Kind ist nun in der Lage, auf einfache Fragen zu antworten und von sich selbst zu erzählen.

Zunächst das Prinzip lernen

Elektronische UK-Geräte

Seit einiger Zeit gibt es auch computergestützte Kommunikationssysteme (meist in Form von Tablets). Diese haben den Vorteil, dass das Kind die Bilder nicht nur zeigen kann, sondern dass die Wörter auch laut ausgesprochen werden. Durch die Aneinanderreihung mehrerer Bilder und Symbole kann das Kind nun ganze Sätze aussprechen und an einer Unterhaltung teilnehmen. Die Geräte sind flexibel programmierbar. Die Eltern können jederzeit neue Symbole und Fotos einfügen. Viele Kinder sind sofort begeistert von ihrem UK-Gerät. Es sollte jedoch darauf geachtet werden, dass die Vielfalt der Bilder das Kind nicht überfordert und dass es das Tablet nicht ausschließlich zum Spielen nutzt.

Die **Finanzierung** eines UK-Geräts ist über die Krankenkasse möglich. Hierzu sind von einer ärztlichen Fachkraft ein Rezept für das konkrete Gerät sowie eine pädagogische oder therapeutische Empfehlung notwendig. Die Erprobung des Geräts und die Erklärung seiner Funktionsweise erfolgt meist durch die Herstellerunternehmen. Damit das Kind die Prinzipien der Unterstützten Kommunikation gut verinnerlicht, sollte das UK-Gerät in so vielen Lebensbereichen wie möglich eingesetzt werden. Das heißt, Sie sollten es täglich zu Hause nutzen und auch die Verwendung in der Kindertagesstätte bzw. in der Schule anregen. Es ist außerdem hilfreich, wenn das UK-Gerät bei den Therapien genutzt wird. Viele Fachkräfte im Bereich der Behindertenhilfe sind mit dem System der Unterstützten Kommunikation bereits vertraut; ab und an werden Sie die Funktionsweise jedoch auch erklären und um Zusammenarbeit werben müssen.

Tipp

→ ***Gebärden-unterstützte Kommunikation (GuK):*** *Manche Kinder mit geistiger Behinderung erlernen die Sprache leichter, wenn sie beim Sprechen Gebärden mit den Händen formen. Diese Methode wurde von Etta Wilken zunächst für Kinder mit Down-Syndrom entwickelt; sie ist jedoch auch für viele andere Kinder geeignet. Die GuK-Bildkarten zum Erlernen der Gebärden können auch im Alltag als Orientierungshilfe verwendet werden. Die Finanzierung ist über die Krankenkasse möglich.*

Über Sexualität aufklären – Wissen und Schutz vermitteln

Wenn Kinder mit geistiger Behinderung in die Pubertät kommen, stehen die Eltern vor ganz neuen Herausforderungen. Trotz der Entwicklungsverzögerung im kognitiven Bereich entwickeln sich die Jugendlichen körperlich meist altersgerecht oder nur mit leichter Verzögerung. Die Ausschüttung von Sexualhormonen führt dazu, dass sich der Körper verändert, erste sexuelle Bedürfnisse entstehen und Wünsche nach einer Partnerschaft aufkommen. Dies kann für die Eltern verunsichernd sein. Viele Eltern sind davon überrascht, dass ihr Kind – das doch sonst im Verhalten noch deutlich jünger wirkt – plötzlich Interesse an sexuellen Aktivitäten zeigt. Sie fürchten, dass es ausgenutzt werden könnte. Den besten Schutz bieten ein offener Umgang mit dem Thema Sexualität und eine frühzeitige Aufklärung.

Das Recht auf Sexualität, Partnerschaft und Ehe

Laut der UN-Behindertenrechtskonvention von 2009 (Artikel 23) haben auch Menschen mit Behinderung ein Recht auf Sexualität, Partnerschaft und Ehe sowie den Zugang zu altersgerechter, barrierefreier Information zu diesen Themen.

In der Praxis verfügen viele Menschen mit geistiger Behinderung jedoch über zu wenig Wissen zum Thema Sexualität und sie werden in der Ausübung der eigenen Sexualität zu wenig unterstützt (AWMF online 2021).

Über Liebe und Sexualität sprechen

Das Thema sexuelle Aufklärung ist für viele Eltern mit Unsicherheiten verbunden. Gerade bei Kindern mit Intelligenzminderung neigen Eltern dazu, das Thema zu lange aufzuschieben.

Um Ihr Kind auf seine körperliche Entwicklung vorzubereiten und vor negativen Erlebnissen zu schützen, sollten Sie das Thema jedoch nicht aus den Augen verlieren. Zwar findet in vielen Schulen Aufklärungsunterricht statt; dennoch bleiben Sie als Eltern die wichtigsten Ansprechpersonen für Ihr Kind – gerade wenn es um intime Angelegenheiten geht. Ich empfehle Ihnen deshalb, regelmäßig mit Ihrem Kind über Liebe und Sexualität zu sprechen.

Eltern sind Vorbilder und Vertrauenspersonen.

Schaffen Sie ein offenes Klima: Kinder mit geistiger Behinderung sind oft sehr direkt und fragen auch nach Dingen, die anderen Kindern eher peinlich sind. Nutzen Sie das und besprechen Sie aufkommende Themen möglichst offen mit Ihrem Kind. Es sollte das Gefühl bekommen, dass es Ihnen alles erzählen und alles fragen darf.

Nutzen Sie passende Anlässe: In bestimmten Situationen kommen Fragen nach Liebe und Partnerschaft ganz von allein auf, z. B. wenn Sie eine Hochzeit besuchen oder wenn eine Frau in Ihrem Umfeld schwanger ist. Nutzen Sie die Fragen Ihres Kindes als Aufhänger für aufklärende Gespräche oder leiten Sie diese selbst ein. Fragen Sie Ihr Kind zum Beispiel: „Weißt du, warum Frau Schmidt jetzt so einen dicken Bauch hat?“ oder „Verstehst du, warum Onkel Peter seine Freundin heiraten möchte?“

Erklären Sie einfach und wiederholen Sie öfters: Wie bei vielen anderen Dingen benötigen Kinder mit Intelligenzminderung auch beim Thema Sexualität einfache und anschauliche Erklärungen. Nutzen Sie leichte Worte, die Ihr Kind kennt, und lassen Sie unwichtige Details weg. Wiederholen Sie die Informationen öfters und fragen Sie Ihr Kind, was es schon verstanden hat.

Nutzen Sie anschauliches Material: Verwenden Sie Broschüren und Bücher zur Aufklärung. In Kapitel 5 finden Sie dazu einige Literaturtipps. Sie können sowohl ein Buch wählen, das speziell für Kinder mit geistiger Behinderung geschrieben wurde als auch ein herkömmliches Aufklärungsbuch für Kinder. Diese sind zwar meist für jüngere Kinder verfasst; viele Kinder mit geistiger Behinderung nehmen Sie jedoch auch in höherem Alter noch gut an. Seiten, die Sie für unpassend halten, können Sie vorläufig mit Klebeband verschließen.

Holen Sie sich Hilfe: Wenn Sie sich mit einem Thema überfordert fühlen oder eine besonders schwierige Situation vorliegt (z.B. sexuell auffälliges Verhalten), können Sie sich Unterstützung bei einer Beratungsstelle oder einer sexualtherapeutischen Fachkraft suchen. Bestimmte Themen lassen sich mit einer gleichgeschlechtlichen Bezugsperson besser besprechen (z.B. die Monatshygiene bei Mädchen oder das Thema Selbstbefriedigung). Falls Sie alleinerziehend sind oder in einer homosexuellen Partnerschaft leben, können Sie hierfür eine Person aus Ihrem Verwandten- oder Bekanntenkreis um Unterstützung bitten, der Ihr Kind vertraut.

Ermöglichen Sie Kontakte und Freundschaften: Für Jugendliche mit geistiger Behinderung ist es oft schwierig, in ihrer Freizeit Freundinnen und Freunde zu treffen und erste intime Erfahrungen zu machen. Das liegt u.a. daran, dass Schulfreundinnen und -freunde häufig weiter weg wohnen. Zudem wählen sie möglicherweise unpassende Formen der Kontaktaufnahme wie plötzliches Umarmen oder Küssen. Besprechen Sie mit Ihrem Kind, wie man ein Mädchen bzw. einen Jungen richtig anspricht, und dass es wichtig ist, dass beide Ja zu dem körperlichen Kontakt sagen. Es ist hilfreich, wenn Sie es Ihrem Kind ermöglichen, regelmäßig Gleichaltrige zu treffen und den Jugendlichen dabei ausreichend Privatsphäre gewähren.

Wann ist der richtige Zeitpunkt?

Mit dem Thema Aufklärung können Eltern gar nicht früh genug beginnen. Oft bieten sich bereits im Kindergartenalter Anlässe, um bestimme Themen zu besprechen (z.B. die körperlichen Merkmale von Jungen und Mädchen oder das Thema Schwangerschaft). Günstig ist es zudem, wenn Kinder mit geistiger Behinderung bereits vor Beginn der Pubertät über die wichtigsten körperlichen Prozesse aufgeklärt sind (z.B. Menstruation und Ejakulation), damit sie davon nicht überrascht und erschreckt werden.

Mein Körper gehört mir! – Vor sexuellem Missbrauch schützen

Aufklärung als Schutz

Viele Eltern sorgen sich, dass Ihr Kind aufgrund seiner Unbedarftheit in sexuell verfängliche Situationen geraten oder sogar missbraucht werden könnte. Diese Sorge ist leider nicht unberechtigt. Aktuelle Studien zeigen, dass Menschen mit geistiger Behinderung überdurchschnittlich häufig Opfer von sexueller Gewalt werden; Frauen sind häufiger betroffen als Männer (AWMF online 2021). Als Ursache hierfür werden soziale Isolation und Abhängigkeitsverhältnisse, vor allem aber mangelnde Aufklärung und fehlende sexuelle Erfahrungen vermutet. Gleichzeitig begehen Jugendliche mit Intelligenzminderung wohl häufiger strafbare sexuelle Handlungen als Gleichaltrige ohne geistige Behinderung (AWMF online 2021). In beiden Fällen gilt Information und Aufklärung als bester Schutz.

Menschen mit geistiger Behinderung müssen über das Thema Sexualität und die damit verbundenen Regeln Bescheid wissen, damit sie sich selbst schützen und angemessen verhalten können. Bereits im Kindergartenalter sollte Ihr Kind wissen, dass es sich von niemandem anfassen lassen muss, wenn es das nicht möchte. Das gilt auch für aufdringliche Verwandte und Bekannte, die Ihr Kind ungefragt küssen oder umarmen wollen. Sagen Sie Ihrem Kind, dass es immer „Nein!" sagen darf, und helfen Sie ihm, sein Nein auch durchzusetzen.

Ermutigen Sie Ihr Kind, immer mit Ihnen zu sprechen, wenn etwas „Komisches" vorgefallen ist. Hierzu ist es hilfreich, wenn Sie die Geschlechtsteile von Beginn an mit den richtigen Namen benennen, damit Ihr Kind sich klar ausdrücken kann. In höherem Alter kommt es leider manchmal in Förder- und Betreuungseinrichtungen zu sexuellen Übergriffen zwischen den Jugendlichen. Sie können solche Situationen nutzen, um mit Ihrem Kind über das Thema zu sprechen. Vielleicht gelingt es Ihnen auch, Gesprächsrunden für die Jugendlichen und gemeinsame Klassenregeln zum Umgang miteinander anzuregen.

Selbstbefriedigung – immer noch ein Tabuthema

Beispiel

Hannes (13 Jahre) *hat vor Kurzem entdeckt, dass es ihm Spaß macht, an seinen Geschlechtsteilen zu spielen. Als er mit seinem Vater im Warteraum der Kinderarztpraxis sitzt, greift er in seine Hose und reibt an seinem Penis. Eine Mutter schaut erschrocken auf, schimpft laut mit Hannes und bringt ihre Kinder nach draußen. Hannes erschrickt und beginnt zu weinen. Der Vater beruhigt ihn. Zu Hause führen Vater und Sohn ein Gespräch: Der Vater erklärt, dass es ganz normal ist, sein Geschlechtsteil zu berühren und daran zu reiben. Das nennt man „Selbstbefriedigung". Er erklärt Hannes, dass das etwas ist, was Menschen nur tun, wenn sie allein sind. Vater und Sohn vereinbaren, dass Hannes sich ab jetzt nur noch in seinem Zimmer selbst befriedigt.*

Wie die meisten Gleichaltrigen beginnen auch viele Jugendliche mit Intelligenzminderung im Laufe der Pubertät, regelmäßig zu masturbieren. Dass dies auch an öffentlichen Orten passiert, ist gar nicht so selten. Vielen fehlt zunächst das Wissen, dass Selbstbefriedigung etwas ist, dass man nur im privaten Raum und ganz allein tut. Als Eltern können Sie Ihrem Kind erklären, dass die Selbstbefriedigung etwas Schönes und nichts Verbotenes ist. Gleichzeitig sollten Sie aber die Regel aufstellen, nur allein und im eigenen Zimmer zu masturbieren. Viele Jugendliche nehmen diese einfache Regel sehr gut an. Als Eltern sollten Sie nun die Privatsphäre Ihres Kindes besonders achten und immer anklopfen, bevor Sie sein Zimmer betreten. So sind Sie ein gutes Vorbild für die Achtung von Grenzen.

Nur im eigenen Zimmer

Partnerschaft, Kinderwunsch und Verhütung

Wie jede und jeder andere auch, verspüren viele Menschen mit Intelligenzminderung irgendwann den Wunsch nach einer festen Partnerschaft, nach regelmäßiger Sexualität und einer Familie. Laut deutschem Grundgesetz und der UN-Behindertenrechtskonvention ist Menschen mit geistiger Behinderung all dies ausdrücklich erlaubt. Sie dürfen lieben (hetero- wie homosexuell), Beziehungen eingehen und unter bestimmten Bedingungen auch heiraten. Als Eltern können Sie Ihr erwachsen werdendes Kind dabei unterstützen, solche Wünsche umzusetzen, indem Sie ihm z. B. erlauben, den Freund bzw. die Freundin regelmäßig einzuladen.

Partnerschaften unterstützen

Schwierig wird es beim Thema Kinderwunsch. Zwar gibt es auch hierfür geeignete Unterstützungsformen (z.B. die „Begleitete

Gemeinsam über Verhütung entscheiden

Elternschaft“). Doch oft ist schon früh ersichtlich, dass der Mensch mit geistiger Behinderung auch mit Unterstützung nicht fähig sein wird, ein Kind angemessen zu betreuen und zu fördern. Viele Eltern befürchten deshalb, dass sie sich selbst einmal um die Enkel kümmern müssen. Hierzu ist zunächst zu bedenken, dass nur wenige Menschen mit geistiger Behinderung tatsächlich genitalen Sex haben, bei dem es zu einer Schwangerschaft kommen kann (laut üblichen Schätzungen sind es nur ca. 10–15 %, Pro Familia 2011). Vielen reicht bereits Küssen, Schmusen oder Petting. Wenn Sie jedoch sicher sind, dass Ihr Kind Geschlechtsverkehr hat, dann ist es empfehlenswert, offen über die möglichen Konsequenzen von Sex zu sprechen. Erklären Sie, was alles dazu gehört, ein Kind aufzuziehen, und sprechen Sie über die verschiedenen Verhütungsmethoden. Jungen und Mädchen sollten den Umgang mit einem Kondom beherrschen. Mädchen sollten außerdem von einer gynäkologischen Fachkraft zu verschiedenen Verhütungsmethoden beraten werden. Informieren Sie die ärztliche Fachkraft am besten im Vorfeld, dass Ihre Tochter eine Intelligenzminderung hat und dass sie das Thema möglichst einfach und anschaulich erklären sollte. Viele Menschen mit geistiger Behinderung sind einverstanden, regelmäßig ein Verhütungsmittel anzuwenden, wenn sie über die genauen Gründe aufgeklärt wurden.

Sterilisation?

Manchen Eltern erscheint eine Sterilisation als die vermeintlich einfachste Lösung. Eine Sterilisation ist heute jedoch rein rechtlich kaum noch umsetzbar. Laut Betreuungsgesetz § 1905 BGB dürfen Minderjährige gar nicht sterilisiert werden und Erwachsene müssen ihre ausdrückliche Einwilligung dazu geben. Bei Einwilligungsunfähigkeit werden strenge Kriterien durch ein Betreuungsgericht überprüft. Eine angemessene Aufklärung über Sex und Verhütung ist in vielen Fällen einfacher umsetzbar, effektiver und aus ethischer Sicht viel besser vertretbar als eine Sterilisation. Bedenken Sie zudem, dass der Eingriff Ihr Kind nicht vor sexuellen Übergriffen und Geschlechtskrankheiten schützt.

Ermutigung zum Schluss

Selbstverständlich stellt es eine große Herausforderung dar, ein kognitiv eingeschränktes Kind über Sexualität aufzuklären. Nicht zuletzt erinnern wir uns dabei auch an unsere eigene sexuelle Aufklärung, die möglicherweise schambehaftet und nicht ausreichend war oder in einer Institution stattgefunden hat. Vielleicht kommen Ihnen auch die biederen Vorstellungen Ihrer eigenen Eltern und Lehrkräfte wieder in den Sinn. Viele Eltern fühlen sich peinlich berührt, wenn sie in einer sehr einfachen Sprache über Sex oder Selbstbefriedigung sprechen müssen. Machen Sie sich deshalb bewusst, dass Sie mit dieser Erfahrung nicht allein sind. Es ist normal, etwas Unbehagen und Peinlichkeit zu verspüren, wenn man über Sexualität spricht. Sie können sehr stolz sein, wenn es Ihnen gelingt, Ihr Kind angemessen aufzuklären und es zu einer bewussten und positiven Sexualität zu erziehen.

Etwas Peinlichkeit ist normal.

Was die Gesellschaft leisten kann – soziale Hilfen ausschöpfen

Menschen mit Behinderungen und chronischen Erkrankungen stehen besondere Rechte und Leistungen zu. Auch Ihr Kind hat Anspruch auf besondere sozialrechtliche Hilfen. Zur Durchsetzung der Ansprüche müssen Sie als Eltern an verschiedenen Stellen Anträge stellen und manchmal auch einige behördliche Hürden nehmen.

Tipp

→ *Das Ausfüllen von Anträgen und Durchsetzen von Rechten stellt für Eltern eine zusätzliche Belastung und eine besondere Herausforderung dar. Es ist empfehlenswert, sich hierfür Beratung und Unterstützung zu suchen. Diese finden Sie zum Beispiel in den Beratungsabteilungen der Versorgungsämter (z.B. Sozialamt), in Sozialpädiatrischen Zentren sowie in Beratungsstellen für Menschen mit Behinderung. Der Service ist üblicherweise kostenlos. Auch eine Anwältin bzw. ein Anwalt (Fachgebiet Sozialrecht) kann Sie gut beraten, welche Leistungen Ihnen zustehen, und Sie bei der Durchsetzung Ihrer Rechtsansprüche unterstützen.*

Nachteilsausgleiche und Schwerbehindertenausweis

Menschen mit Behinderung haben aufgrund ihrer Beeinträchtigungen meist höhere finanzielle Ausgaben und anderweitige Aufwendungen. Zum Ausgleich gibt es in Deutschland von staatlicher Seite sogenannte Nachteilsausgleiche. Damit Ihr Kind diese erhalten kann, muss zunächst ein Grad der Behinderung anerkannt werden. Dieser kann zwischen 10 % und 100 % liegen. Außerdem werden verschiedene Merkzeichen vergeben, durch die Nachteilsausgleiche möglich werden (z.B. „H" für

„hilflos“ oder „G“ für „Bewegungsfähigkeit im Straßenverkehr erheblich eingeschränkt“). Ab einem Behinderungsgrad von 50 % wird ein Schwerbehindertenausweis ausgestellt.

In Österreich erhalten Menschen mit einem Grad der Behinderung von mindestens 50 % einen Behindertenpass. In der Schweiz kann über die Invalidenversicherung ein Invaliditätsgrad bestimmt werden.

Die folgenden Angaben beziehen sich jeweils auf die Nachteilsausgleiche in Deutschland.

Tipp

→ *Der Schwerbehindertenausweis muss beim zuständigen Versorgungsamt bzw. Bürgerbüro beantragt werden. Welches Amt in Ihrer Region zuständig ist, finden Sie auf dieser Website: https://soziales.niedersachsen.de/aktuelles_service/ortsverzeichnis_deutschland_nach_zustaendigen_versorgungsaemtern/*

Steuerliche Entlastungen: Um bei der Einkommenssteuer entlastet zu werden, können Sie den **Behindertenpauschbetrag** Ihres Kindes auf sich übertragen lassen. Die Höhe des Pauschbetrags ist abhängig vom Grad der Behinderung und den gewährten Merkzeichen. Bei Vorliegen des Merkzeichens H („hilflos“) oder einem Pflegegrad von 4 bis 5 kann zusätzlich ein **Pflegepauschbetrag** geltend gemacht werden. Zudem können viele Ausgaben als „außergewöhnliche Aufwendungen“ abgesetzt werden (z. B. Medikamente, Fahrtkosten, behindertengerechte Umbauten; Greß 2018).

Ermäßigte bzw. kostenlose Beförderung mit dem öffentlichen Nahverkehr: Wenn Ihr Kind einen Schwerbehindertenausweis besitzt, können Sie für jährlich 91 Euro eine Wertmarke für die Beförderung im ÖPNV erwerben (Stand September 2022). Hat Ihr Kind das Merkzeichen H („hilflos"), erhält es die Wertmarke kostenlos. Bei Vorliegen des Merkzeichens B kann auch eine Begleitperson kostenlos den ÖPNV nutzen.

Finanzielle Hilfen und Ermäßigungen: Je nach Behinderungsgrad und Vorliegen von Merkzeichen stehen Ihnen weitere Unterstützungen zu. Dazu gehören z.B. die Zahlung des Kindergelds über den 18. Geburtstag hinaus, Ermäßigungen in Freizeiteinrichtungen wie Tierparks, Museen und Schwimmbädern sowie eine Kfz-Steuerbefreiung für Ihr Privatfahrzeug. Lassen Sie sich dazu in Ihrem Versorgungsamt beraten.

Fast nur Vorteile

Manche Eltern haben zunächst Vorbehalte gegenüber dem Behinderungsgrad. Die Bestätigung einer Schwerbehinderung klingt sehr endgültig und steckt das Kind vermeintlich in eine Schublade. Es ist nachzuvollziehen, wenn Eltern deshalb mit der Beantragung des Ausweises zunächst warten. Letztlich bietet Ihnen der Schwerbehindertenausweis jedoch zahlreiche Vorteile, insbesondere im finanziellen Bereich. Das gesparte Geld können Sie dann für die Förderung und Absicherung Ihres Kindes verwenden.

Der Pflegegrad

Pflegegrad und Pflegegeld kennen viele Menschen vor allem aus dem Bereich der Altenpflege. Sie stehen jedoch allen Menschen zu, deren Versorgung mit einem **erhöhten Pflegeaufwand** verbunden ist. Dazu gehören auch Kinder mit geistiger Behinderung. Die Höhe des Pflegegrads entscheidet über die besonderen finanziellen Hilfen und Sachleistungen, die deren Eltern erhalten. Bei der Feststellung des Pflegegrads wird überprüft, für welche alltäglichen Tätigkeiten das Kind mehr Hilfe und Unterstützung benötigt als altersgerecht entwickelte Kinder. Zu den Pflegebereichen zählen z.B. die Körperhygiene, das Zubereiten und die Aufnahme von Nahrung, das An- und Ausziehen, Unterstützung bei der Kommunikation, das Eingreifen bei Verhaltensproblemen und die Begleitung im Straßenverkehr. Viele Kinder mit Intelligenzminderung können Alltagstätigkeiten durchaus selbstständig ausführen, sie benötigen jedoch eine regelmäßige kleinschrittige Anweisung und Kontrolle durch die Betreuungspersonen. Auch dies wird als Pflegemehraufwand bewertet.

Pflegegeld auch für Kinder

Tipp

→ *Es ist empfehlenswert, den Pflegegrad so früh wie möglich zu beantragen, da Pflegeleistungen erst ab dem Tag der Antragstellung gezahlt werden. Durch die Inanspruchnahme der Pflegeleistungen entstehen Ihrem Kind und Ihrer Familie keinerlei Nachteile.*

Wie wird der Pflegegrad beantragt?

Der Antrag auf Pflegegeld wird bei der zuständigen Pflegekasse gestellt, welche an Ihre Krankenkasse angegliedert ist. Zur Feststellung der Pflegebedürftigkeit erfolgt eine unabhängige Begutachtung, z.B. durch den „Medizinischen Dienst der Krankenversicherung" (MDK). Üblicherweise wird dazu ein persönliches Gespräch bei Ihnen zu Hause durchgeführt, bei dem Sie zu den Beeinträchtigungen Ihres Kindes befragt und auch das Kind beobachtet und (wenn möglich) befragt wird.

Tipp

→ *Auf den Hausbesuch sollten Sie sich gut vorbereiten, damit Sie keine wichtigen Informationen vergessen. Stellen Sie alle relevanten Unterlagen zusammen (Klinikberichte, ärztliche Befunde, gelbes Vorsorgeheft, Einschätzungen der Kita oder Schule) und notieren Sie sich alle Tätigkeiten, bei denen Ihr Kind besondere Unterstützung benötigt. Hierzu empfiehlt es sich, für einige Wochen ein* ***Pflegetagebuch*** *zu führen, in dem Sie alle Pflegetätigkeiten für Ihr Kind protokollieren.*

Welche Leistungen stehen uns zu?

Seit 2017 gibt es fünf Pflegegrade. Diese ersetzen die vorher üblichen drei Pflegestufen. Je höher der Pflegegrad (PG) Ihres Kindes ausfällt, desto mehr Leistungen können Sie in Anspruch nehmen. Dazu gehören (Stand September 2022):

Das Pflegegeld: Ab Pflegegrad 2 erhalten Eltern ein monatliches Pflegegeld, zwischen 316 Euro (PG 2) und 901 Euro (PG 5). Das Pflegegeld ist unabhängig vom Einkommen der Eltern und muss nicht versteuert werden.

Der Entlastungsbetrag: Allen Menschen mit Pflegegrad steht ein Entlastungsbetrag von monatlich 125 Euro zu. Hierüber können z.B. die Kosten für eine Tagesbetreuung oder eine Haushaltshilfe erstattet werden.

Die Verhinderungspflege: Ab Pflegegrad 2 können die Eltern über die Verhinderungspflege die Betreuung ihres Kindes durch eine dritte Person finanzieren. Hierzu zählen z.B. Angehörige und Personen aus dem Freundeskreis, die Ihr Kind betreuen, wenn Sie selbst nicht zu Hause sind. Sie können aber auch professionelle Betreuungsdienste in Anspruch nehmen.

Familienentlastender Dienst (FED)

Die verschiedenen Anbieter von familienentlastenden Diensten ermöglichen den Angehörigen von Kindern mit Behinderung mehr Erholung und Freiraum. Die Finanzierung kann über die Verhinderungspflege oder den Entlastungsbetrag erfolgen. Angebote sind z. B. die Betreuung des Kindes für einige Stunden oder Tage, die Begleitung bei Freizeitangeboten, das häusliche Training der Selbstständigkeit und die Beratung der Eltern. Die Website, in der auch Anbieter in Ihrer Nähe aufgelistet sind, finden Sie in Kap. 5 Hilfsverbände und Vereine.

Weitere Leistungen: Über den Pflegegrad können noch einige weitere Leistungen in Anspruch genommen werden, z. B. Kostenübernahme bei Wohnraumanpassung und für Pflegehilfsmittel. Welche dies sind, hängt vom Pflegegrad Ihres Kindes ab, und davon, welche Leistungen Sie bereits in Anspruch nehmen. Eine vollständige Auflistung aller Leistungen finden Sie hier: https://www.transparent-beraten.de/private-pflegeversicherung/pflegegrade/.

Pflegeunterstützung in Österreich und der Schweiz

In Österreich gibt es ein Pflegegeld mit sieben Stufen. Kinder, die besonders intensive Pflege benötigen, erhalten Zusatzleistungen über den „Erschwerniszuschlag“. In der Schweiz kann über die Invalidenversicherung die „Hilflosenentschädigung“ und in besonders schweren Fällen ein „Intensivpflegezuschlag“ beantragt werden.

In Kap. 5 Literatur zum Weiterlesen finden Sie Tipps zu Büchern und Websites mit weiteren Informationen zum Thema soziale Hilfen.

Der Weg ins Erwachsenenleben – Ablösung zulassen und fördern

Wenn Kinder flügge werden und das Elternhaus verlassen, ist das für viele Eltern schmerzhaft. Dies gilt ganz besonders bei Kindern mit Behinderung. Als Eltern haben Sie sehr viel Kraft und Zeit in die Förderung Ihres Kindes investiert. Vielleicht haben Sie sich auch an Ihre Rolle als „Vollzeitmama“ oder „Vollzeitpapa“ gewöhnt und dies als wichtige Lebensaufgabe erlebt. Es ist ganz normal, dass Sie sich traurig fühlen und besorgt sind, wenn Ihr Kind das Nest verlässt. Auch für Sie als Eltern beginnt nun eine Phase der Neuorientierung. Nach einer Zeit der Traurigkeit werden Sie aber auch erleben, wie schön es ist, wieder mehr Zeit für sich selbst oder auch Ihre Partnerschaft zu haben.

Pubertät ist auch für die Eltern schmerzhaft.

Das vorliegende Kapitel begann mit dem Thema Eltern-Kind-Bindung (Kap. 3 Eine sichere Bindung aufbauen). Eine sichere Bindung ist die Grundlage für eine gesunde Entwicklung in allen Bereichen und für den Aufbau von Selbstvertrauen. Je älter ein Kind wird, desto mehr sucht es aber auch Abstand zu den Eltern und wünscht sich Unabhängigkeit und Selbstständigkeit. Die beiden Entwicklungsaufgaben Bindung und Ablösung stehen dabei keineswegs im Widerspruch, sondern gehen Hand in Hand. Ein Kind, das eine sichere Bindung zu seinen Eltern hat, erkundet eigenständig die Welt und möchte immer mehr Dinge selbstständig tun. Bei Kindern mit geistiger Behinderung verlaufen die Ablösungsprozesse üblicherweise verzögert und langsamer ab. Auch im Teenageralter sind diese noch viel auf Hilfe und Unterstützung angewiesen. Dennoch ist es notwendig, dass Sie Ihrem Kind

Kinder wollen unabhängig werden.

mehr Unabhängigkeit ermöglichen und es auf das Erwachsenenleben vorbereiten; denn auch Menschen mit Intelligenzminderung wünschen sich ein eigenständiges Leben.

Die emotionalen Hürden der Pubertät

Die Pubertät ist die Lebensphase, in der sich Kinder emotional von den Eltern ablösen. Das bedeutet nicht, dass es keine gemeinsame Beziehung mehr gibt, jedoch werden die jungen Erwachsenen nun fähig, sich für längere Zeit von den Eltern zu trennen und ein eigenständiges Leben zu führen. Im Buchabschnitt zur sexuellen Aufklärung haben Sie bereits erfahren, wie sich ein Kind mit geistiger Behinderung in der Pubertät körperlich verändert und dass es ein erstes Interesse an Sexualität entwickelt. Neben diesen äußeren Veränderungen durchläuft Ihr Kind jedoch auch eine innere Wandlung. Der Teenager entwickelt eigene Werte und Ziele, hinterfragt die Vorstellungen der Eltern und setzt sich mit seiner eigenen Identität auseinander. Dieser wichtige Entwicklungsschritt tritt bei Jugendlichen mit geistiger Behinderung meist etwas verspätet ein und kann sich bis ins frühe Erwachsenenalter hineinziehen.

Besondere Schwierigkeiten

In der Pubertät befinden sich Jugendliche in einem Wirrwarr der Gefühle. Sie spüren: **Ich bin kein Kind mehr. Ganz erwachsen bin ich aber auch noch nicht.** Menschen mit Intelligenzminderung spüren diesen Widerspruch aufgrund ihrer kognitiven Einschränkungen oft noch stärker. Einerseits möchten sie von den Eltern unabhängig werden, andererseits sind sie in vielen Problemen des Alltags weiter auf deren Unterstützung angewiesen. Bekämpfen die Eltern den Wunsch ihres jugendlichen Kindes nach Unabhängigkeit, kann dies zu heftigen Konflikten und starken Verhaltensauffälligkeiten führen. Eine weitere Belastung besteht darin, dass sich viele Jugendliche mit geistiger Behinderung in der Zeit der Pubertät zunehmend ihres „Andersseins" bewusst werden und an den Einschränkungen ihrer Behinderung leiden. Dies kann besonders schmerzhaft werden, wenn bis dahin bestandene Freundschaften mit altersgerecht entwickelten Kindern in dieser Lebensphase abbrechen.

Tipp

- → *Unterstützen Sie Ihr Kind in der Pubertät, indem Sie ihm mehr Freiräume gewähren. Beziehen Sie es in wichtige Lebensentscheidungen mit ein, z. B. beim Einkaufen von Kleidung oder der Wahl einer Freizeitbeschäftigung.*
- → *Gewähren Sie Ihrem Kind Privatsphäre und Rückzugsmöglichkeiten. Klopfen Sie an, bevor Sie sein Zimmer betreten.*
- → *Nehmen Sie Streitigkeiten und trotziges Verhalten nicht persönlich. Der Teenager erprobt in diesen Situationen seine Fähigkeiten und Grenzen.*
- → *Ermöglichen Sie regelmäßigen Kontakt zur Peergroup. Fahren Sie z. B. Ihr Kind weiterhin zu Freundinnen und Freunden.*
- → *Loben Sie Ihr Kind für selbstständiges Verhalten und helfen Sie ihm beim Erwerb neuer Fähigkeiten (z. B. Nutzung des ÖPNV, kleine Einkäufe erledigen).*
- → *Respektieren Sie den Wunsch Ihres Kindes nach Intimität und Partnerschaft.*

Wenn der 18. Geburtstag naht

Mit dem Erreichen der Volljährigkeit gilt Ihr Kind vor dem Gesetz als erwachsen. Das Sorgerecht der Eltern endet, sodass Ihr Kind nun theoretisch alle wichtigen Lebensentscheidungen selbst treffen kann. Menschen mit geistiger Behinderung benötigen jedoch auch im Erwachsenenalter meist noch in einigen Bereichen Hilfe und Unterstützung.

Beispiel

Marlon (16 Jahre) *wird in zwei Jahren seine Schulzeit beenden. Die Eltern machen sich seit einiger Zeit Gedanken, wie es nach dem 18. Geburtstag weitergehen soll. Dann gilt Marlon vor dem Gesetz als Erwachsener. Tatsächlich befindet sich ihr Sohn jedoch auf dem Entwicklungsstand eines sechsjährigen Kindes und benötigt im Alltag umfängliche Hilfe und Betreuung. Deswegen gehen die Eltern mit Marlon zu einem Beratungsgespräch in einem Sozialpädiatrischen Zentrum. Eine Sozialpädagogin erklärt der Familie ausführlich, welche beruflichen Perspektiven es für Marlon gibt, welche Wohneinrichtungen für ihn infrage kommen, wie eine gesetzliche Betreuung beantragt werden und welche medizinische Versorgung er erhalten kann. Die Eltern sind beruhigt. Sie wissen nun, welche Unterstützung Marlon zusteht und dass sie noch genügend Zeit haben, um alles zu organisieren.*

Tipp

→ *Beginnen Sie bereits zwei bis drei Jahre vor dem 18. Geburtstag, sich Gedanken über die Zukunft Ihres Kindes zu machen und organisatorische Schritte einzuleiten. Die bürokratischen Mühlen mahlen oftmals langsam. So haben Sie genügend Zeit, alle wichtigen Schritte gemeinsam mit Ihrem Kind vorzubereiten.*

Das passende Wohnumfeld finden

Eine wichtige Frage im Vorfeld der Volljährigkeit ist, wo Ihr Kind zukünftig wohnen und seinen Alltag gestalten wird. Die Familien finden dabei gemeinsam mit den jungen Erwachsenen ganz unterschiedliche Lösungen: Manche Eltern bevorzugen es, dass Ihr Kind zunächst noch einige Zeit bei ihnen wohnt. Andere organisieren eine eigene Wohnung in der Nähe bzw. einen separaten Wohnbereich im eigenen Haus. Eine professionelle Betreuung kann in den verschiedenen Einrichtungen der Behindertenhilfe erfolgen (z.B. Wohnheime, WGs) und wird vom Sozialhilfeträger finanziert. Welche Wohnform infrage kommt und wie viel Pflege und Unterstützung Ihr Kind benötigt, hängt von seiner Selbstständigkeit ab. Wichtig ist, dass Sie Ihr Kind in die Wahl seiner Wohnumgebung mit einbeziehen und mögliche Wohnformen gemeinsam besichtigen.

Zu Hause oder in einer Einrichtung?

Tipp

→ *Es spricht nichts dagegen, dass Ihr Kind im frühen Erwachsenenalter noch eine Weile bei Ihnen wohnt. Bedenken Sie jedoch, dass Sie nicht immer für Ihr Kind sorgen können. Spätestens wenn Sie selbst alt oder pflegebedürftig sind, werden andere Menschen die Betreuung Ihres Kindes übernehmen müssen. Es ist deshalb günstig, wenn sich Ihr Kind bereits früh an das selbstständige Wohnen gewöhnt und nicht plötzlich von einer so großen Veränderung überrascht wird. Viele Menschen mit geistiger Behinderung genießen zudem die neue Unabhängigkeit und die Möglichkeit, mit Menschen zusammenzuleben, die ebenfalls eine Beeinträchtigung haben.*

Eine berufliche Perspektive schaffen

Mit dem Ende der Schulzeit steht die Wahl einer geeigneten Ausbildungs- und Arbeitsstätte an. Eine tägliche Beschäftigung ist für Menschen mit Intelligenzminderung wichtig. Sie bietet die Möglichkeit, eigenes Geld zu verdienen und damit unabhängiger zu werden. Zudem fördert die tägliche Arbeit den Kontakt zu anderen Menschen, gibt dem Tag Struktur und vermittelt Stolz auf die eigenen Leistungen. Etwa ab der achten Klasse beginnen Schulen mit der Berufsberatung. Bei Menschen mit Behinderung wird in Deutschland zusätzlich der **Integrationsfachdienst (IFD)** zur Beratung hinzugezogen. Idealerweise sollten am Ende der Schulzeit mehrere Praktika in verschiedenen Berufsfeldern erfolgen. Sie selbst können Ihr Kind bei der Vorbereitung auf einen Beruf unterstützen, indem Sie es vermehrt in häusliche und handwerkliche Tätigkeiten einweisen und diese selbstständig ausführen lassen.

Werkstatt oder Integration?

Doch welche beruflichen Möglichkeiten gibt es überhaupt? Derzeit arbeiten die meisten Menschen mit Intelligenzminderung in einer **Werkstatt für behinderte Menschen (WfbM)**. Diese Werkstätten sind nicht nur Arbeitgeber, sondern auch Orte der Rehabilitation. Sie bieten einen geschützten Rahmen ohne ständigen Leistungsdruck. Jede dort beschäftigte Person arbeitet so viel, wie sie kann. Die Angestellten werden von speziell ausgebildeten Fachkräften betreut und können im Rahmen ihrer Tätigkeit Fördermöglichkeiten, Therapien und Beratung in Anspruch nehmen. Alternativ ist eine berufliche Integration möglich. In sog. **Inklusionsbetrieben** arbeiten Menschen mit Behinderung für den allgemeinen Arbeitsmarkt. Häufig sind dies gastronomische Einrichtungen, Servicedienste und Reinigungsunternehmen. Da das Angebot solcher Arbeitsstellen derzeit noch recht gering ist, erhalten jedoch oft nur besonders begabte und leistungsfähige Bewerberinnen oder Bewerber eine Anstellung (Greß 2018).

Tipp

→ *Damit Ihr Kind einen geeigneten Arbeitsplatz findet, ist es empfehlenswert, bereits einige Jahre vor dem Schulende nach geeigneten Ausbildungs- und Arbeitsstätten Ausschau zu halten. Fragen Sie andere Betroffene nach ihren Erfahrungen und suchen Sie im Internet nach geeigneten Anbietern in Ihrer Nähe. Schauen Sie sich die verschiedenen Betriebe und Werkstätten am besten gemeinsam mit Ihrem Kind an und setzen Sie sich dafür ein, dass es Probearbeitstage und Praktika nutzen kann.*

Eine gesetzliche Betreuung installieren

Im Kindesalter konnten Sie im Rahmen des Sorgerechts alle wichtigen Entscheidungen für Ihr Kind treffen. Dieses besondere elterliche Recht endet mit dem 18. Geburtstag. Sie als Eltern dürfen nun keine Entscheidungen mehr für Ihr Kind treffen und beispielsweise auch keine ärztlichen Auskünfte erhalten. Die meisten Menschen mit geistiger Behinderung sind jedoch auch im Erwachsenenalter nicht fähig, die Konsequenzen ihrer Entscheidungen vollständig zu überblicken. Es ist deshalb sinnvoll, wenn bereits ab dem 18. Geburtstag eine rechtliche Betreuung vorhanden ist. In Österreich nennt sich diese „Sachwalterschaft". In der Schweiz gibt es die „Beistandschaft". Zur Beantragung einer rechtlichen Betreuung müssen Sie in Deutschland die Einleitung eines Betreuungsverfahrens beim zuständigen Betreuungsgericht anregen. In einem Sachverständigengutachten wird dann festgelegt, für welche Lebensbereiche Ihr Kind eine rechtliche Betreuung benötigt. Diese „Aufgabenkreise" sind immer individuell formuliert und betreffen z.B. die Vermögensvorsorge, die Gesundheitssorge und Wohnangelegenheiten. In manchen Fällen wird auch eine „Betreuung in allen Angelegenheiten" festgelegt. Die betreuende Person hat die Aufgabe, Entscheidungen im Sinne des Menschen mit Behinderung zu treffen und muss dessen Wille und Wünsche berücksichtigen. Die rechtliche Betreuung können die Eltern selbst übernehmen, wenn ihr Kind damit einverstanden ist. Alternativ kann eine neutrale Person dafür eingesetzt werden. Wenn Sie die rechtliche Betreuung Ihres Kindes selbst übernehmen, sind Sie in der Lage, weiterhin sinnvolle und nützliche Entscheidungen für Ihr Kind zu treffen. Dies erfordert jedoch oft einen erheblichen Aufwand und kann zu Konflikten mit Ihrem erwachsenen Kind führen. Es ist deshalb durchaus überlegenswert, eine fremde, befreundete oder verwandte Person als rechtliche Betreuungsperson einzusetzen. Ein späterer Wechsel der Betreuungsperson ist möglich.

Tipp

→ *Die rechtliche Betreuung erfolgt üblicherweise ehrenamtlich und unentgeltlich. In Deutschland können Sie jedoch jährlich eine Aufwandsentschädigung von 425 Euro in Anspruch nehmen (Stand Januar 2023).*

Die medizinische Versorgung absichern

Im Kindesalter stehen Menschen mit geistiger Behinderung in Deutschland verschiedene medizinische Versorgungseinrichtungen zur Verfügung (z.B. Frühförderstellen und Sozialpädiatrische Zentren). Im Erwachsenenbereich fehlt es leider noch an solchen flächendeckenden Strukturen (AWMF online 2021). Derzeit befinden sich jedoch immer mehr sog. **Medizinische Versorgungszentren für Erwachsene mit Behinderung (MZEB)** im Aufbau. Diese sollen wie die Sozialpädiatrischen Zentren eine langfristige und interdisziplinäre Versorgung unter ärztlicher Leitung ermöglichen. Die Überweisung erfolgt über die hausärztliche Fachkraft; zudem müssen bestimmte Eingangskriterien vorliegen (z.B. ein bestimmter Behinderungsgrad und Merkzeichen). Bedenken Sie auch, im Vorfeld des 18. Geburtstags eine kompetente hausärztliche und ggf. auch psychiatrische Fachkraft für Ihr Kind zu suchen. Wenn Ihr Kind dies wünscht, können Sie es weiterhin zu Arztbesuchen begleiten und bei allen wichtigen Entscheidungen unterstützen.

In Kap. 5 Medizinische Anlaufstellen finden Sie eine Website, auf der Sie sich informieren können, wo es in Ihrer Nähe bereits ein MZEB gibt.

4

Hilfen für die ganze Familie

Wenn ein Kind eine geistige Behinderung hat, ist dies eine Herausforderung für die gesamte Familie. Hier erfahren Sie, wie Eltern die Diagnose verarbeiten und belastende Gefühle bewältigen können. Sie erhalten Tipps für eine gute Selbstfürsorge, für die Stärkung Ihrer Beziehung als Paar, als Eltern, als Erziehungsberechtigte, zum Umgang mit den Geschwisterkindern und zur Aufrechterhaltung Ihres Freundes- und Bekanntenkreises.

Angst, Wut, Trauer, Schuld – mit belastenden Gefühlen umgehen und die Diagnose verarbeiten

Wenn Eltern erfahren, dass ihr Kind an einer Behinderung leidet, werden sie von vielen Gedanken und Gefühlen überschwemmt. Anfangs herrscht oft eine innere Erstarrung vor; später treten Gefühle wie Wut, Angst und Trauer an seine Stelle. Psychologische Fachkräfte sprechen in diesem Fall von einem „Verarbeitungsprozess“. Das bedeutet, dass die Diagnose gedanklich und emotional verstanden und angenommen werden muss. Dieser Prozess dauert häufig mehrere Jahre. Es ist eine Zeit der Krise und des Umbruchs, der Neuorientierung, des Betrauerns und der Veränderung. Und ich möchte Ihnen nichts vormachen: Für die meisten Eltern ist es eine Zeit des Leidens. Viele, die ich berate, bezeichnen es als die schwerste Zeit ihres Lebens, als sie von der Diagnose ihres Kindes erfahren haben. Häufig erleben Väter und Mütter in dieser Zeit immensen Stress, da sie nicht nur die Diagnose verarbeiten müssen, sondern zusätzlich im Alltag viele neue Aufgaben zu bewältigen haben. Das Kind muss gepflegt und zahlreiche Arzttermine und Therapien müssen wahrgenommen werden. Das Familienleben und die Beziehungen untereinander verändern sich. Alle Familienmitglieder müssen sich an die neue Situation anpassen und eigene Wege finden, damit umzugehen.

Die Verarbeitung der Diagnose kann schmerzhaft sein.

Aus meiner eigenen Erfahrung als Psychologin kann ich Ihnen jedoch berichten, dass viele Mütter und Väter diesen Prozess der Verarbeitung erfolgreich durchlaufen und letztlich zur Akzeptanz finden. Sie schließen Frieden mit der Situation, lernen, ihr Kind mit Beeinträchtigung besonders zu schätzen, entwickeln neue Stärken und oft auch eine veränderte Lebenseinstellung. Ich bin immer wieder überrascht und berührt, mit welcher Kraft und Zuversicht viele Eltern diese herausfordernde Situation meistern, wie sehr sie ihr besonderes Kind lieben und wie sie sich zeitlebens für sein Wohlergehen einsetzen.

Am Ende steht Akzeptanz.

Sind negative Gefühle schlechte Gefühle?

Emotionen wie Angst, Wut und Trauer werden als negative Gefühle bezeichnet, da sie in belastenden Situationen auftreten und sich für die Betroffenen unangenehm anfühlen. In unserer westlichen Gesellschaft ist es üblich, negative Gefühle eher nicht zu zeigen. Auf die Frage „Wie geht es dir?" wollen die meisten Menschen einfach nur „gut" hören. Negative Empfindungen gehören jedoch genauso zum Leben wie positive. Sie sind wichtig für uns, da sie uns viel besser als unsere Gedanken zeigen können, wie es uns mit einer bestimmten Situation wirklich geht. Sie zeigen uns, welche Bedürfnisse gerade nicht erfüllt sind. Es ist deshalb wichtig, auch negative Emotionen zuzulassen und nicht zu unterdrücken.

Die Erkrankung Ihres Kindes löst bei Ihnen vielleicht Empfindungen aus, die Sie so noch gar nicht kennen und die sich sogar bedrohlich anfühlen. Manche Betroffene schämen sich für ihre Gefühle und Gedanken. All diese Emotionen gehören jedoch zum Verarbeitungsprozess und dürfen zugelassen werden. Gefühle schaden uns nicht. Wichtig ist nur, was wir mit ihnen machen.

Die Phasen der Krisenverarbeitung

Der Prozess zur Verarbeitung einer schweren Krise verläuft bei jedem Menschen anders. Auch Eltern, die erfahren, dass ihr Kind eine Behinderung hat, finden ganz persönliche Wege, damit umzugehen. Viele Gefühle und Verarbeitungsschritte ähneln sich jedoch. Die Pädagogin Erika Schuchardt hat ein Modell entwickelt, das einen solchen Verarbeitungsprozess in acht Phasen unterteilt. Hierzu analysierte sie 161 autobiografische Berichte von Menschen, die von einer Behinderung oder Krankheit betroffen waren, bzw. von deren Angehörigen (Schuchardt 1982). Etwa jeder fünfte Bericht stammte von Eltern mit einem Kind mit geistiger Behinderung. Die Phasen, die Schuchardt beschreibt, sind dabei zeitlich flexibel: Sie können in anderer Reihenfolge, gleichzeitig oder sich mehrmals wiederholend auftreten. Gemeinsam ist allen Verarbeitungsprozessen jedoch ein Ziel, nämlich die Akzeptanz der Situation und die Annahme des Kindes mit all seinen Besonderheiten. Eltern, die sich auf diesen Prozess einlassen, finden am Ende zu neuer Kraft und Zuversicht. Sie sehen dem Leben mit ihrem besonderen Kind gestärkt entgegen.

Phase 1: Ungewissheit – „Was ist eigentlich los ...?“

Die erste Phase beschreibt die Situation, bevor die Eltern eine sichere Diagnose erhalten. Häufig gibt es in dieser Zeit bereits Hinweise auf eine Behinderung. Fachleute und manchmal auch Verwandte oder Bekannte weisen darauf hin, dass mit dem Kind „irgendetwas nicht stimmt“. Für die Eltern ist dies so schwer zu verkraften, dass sie typischerweise die Augen noch eine Weile vor der Wahrheit verschließen. Sie fokussieren ihren Blick auf Entwicklungsfortschritte des Kindes und stellen Aussagen von ärztlichen und therapeutischen Fachkräften infrage. Dies dient dem Schutz vor den eigenen Gefühlen, die als bedrohlich erlebt werden. Gleichzeitig besteht häufig aber auch der Wunsch nach einer sicheren Diagnose, um endlich Gewissheit zu erlangen.

Phase 2: Gewissheit – „Ja, aber das darf doch nicht sein ...?“

Wird schließlich eine Diagnose gestellt, geraten viele Eltern in eine Schocksituation, die durchaus einige Wochen anhalten kann. Der Schock ist meist dann besonders groß, wenn die Eltern von der Diagnose vollkommen unerwartet getroffen werden (z.B. wenn kurz nach der Geburt eine Krankheit festgestellt wird). Die Betroffenen verstehen zwar rein verstandesmäßig, was ihnen die ärztlichen Fachkräfte sagen; gleichzeitig ist es ihnen jedoch unmöglich, die Botschaft auch emotional zuzulassen. Manche Mütter und Väter erleben in dieser Situation eigenartige Fremdheitsgefühle. Alles fühlt sich ganz unwirklich an. Gleichzeitig können extreme Ängste oder Verzweiflung auftreten. In dieser **Phase des „Diagnose-Schocks“** ist es wichtig, dass Sie sich ausreichend Zeit geben, die Situation zu verarbeiten. Sagen Sie unwichtige Termine ab und gewinnen Sie Sicherheit bei vertrauten Menschen und an vertrauten Orten. Wenn es Ihnen hilft, können Sie Ihre ärztliche Fachkraft um weitere Informationen bitten. Manche Eltern wollen auch erst einmal gar nichts von all dem wissen. Auch das ist in Ordnung.

Phase 3: Aggression – „Warum gerade ich ...?“

Ist der erste Schock überwunden, treten neue heftige Emotionen auf. Viele Eltern erleben zunächst intensive Wut. Sie fragen sich, warum das Schicksal gerade sie so hart treffen musste. Da man die Ursache des Problems nicht greifen kann, trifft die Aggression manchmal Menschen, die nichts dafür können. Ärztliche oder therapeutische Fachkräfte, die Partnerin bzw. den Partner oder Verwandte und Bekannte. Manche Menschen aus dem Umfeld können mit der neuen Situation nicht umgehen und ziehen sich zurück, was bei den Betroffenen wiederum zu Ärger und Verzweiflung führt. Es besteht die Gefahr eines Teufelskreises des Ärgers und der sozialen Isolation.

Phase 4: Verhandlung – „Wenn ..., dann muss aber ...?“

Laut Schuchardt (1982) gewinnen die Betroffenen durch die Phase der Aggression neuen Tatendrang. Sie sträuben sich mit letzter Kraft gegen ihr Schicksal und ergreifen verschiedenste Maßnahmen, damit das Kind doch noch „gesund“ wird. Manche Eltern suchen in dieser Phase neue oder besonders spezialisierte ärztliche Fachkräfte auf, sie probieren innovative Therapien, die Heilung versprechen, oder versuchen auf anderem Weg, ein Wunder zu bewirken. Sie verhandeln sozusagen mit dem Schicksal. Diese Phase kann die Betroffenen extrem erschöpfen und birgt auch das Risiko großer finanzieller Verluste. Zudem kann das Kind unter der Vielzahl der Termine, Therapien und Eingriffe leiden.

Phase 5: Depression – „Wozu ..., alles ist sinnlos ...?“

Wenn die Mütter und Väter schließlich vollständig erkennen, dass ihr Kind eine lebenslange Behinderung hat, beginnt die Phase der Depression bzw. der Trauer. In dieser Zeit verarbeiten sie sowohl den Verlust des gesunden Kindes, das sie sich gewünscht hatten, als auch den Verlust einer sorgenfreien Zukunft für ihr Kind und die gesamte Familie. Es ist der schmerzhafteste Abschnitt der Krisenverarbeitung; gleichzeitig liegen in dieser Phase jedoch viele Chancen. Mit der vollständigen emotionalen Annahme der Situation entwickeln die Betroffenen die Fähigkeit, ihr Schicksal zu akzeptieren.

Phase 6: Annahme – „Ich erkenne erst jetzt ...!“

Nun ist ein wichtiges Ziel im Verarbeitungsprozess erreicht. Ist die Trauer einmal überwunden, können die Eltern ihr Kind so annehmen, wie es ist. Sie sehen auch all die guten Dinge, die ihnen geblieben sind (z.B. eine tragfähige Partnerschaft, Unterstützung im Freundeskreis), und gewinnen neue Kraft für den Alltag. Sie werden außerdem fähig, an ihrem Kind nicht nur die Behinderung, sondern auch all seine positiven Eigenschaften wahrzunehmen. Die Betroffenen sind nicht unbedingt glücklich mit der Situation, aber sie blicken zuversichtlicher in die Zukunft. Die Eltern leben nun nicht mehr gegen die Krise, sondern mit der Krise. Dies kann sich sehr befreiend anfühlen.

Phase 7: Aktivität – „Ich tue das ...!"

Mit der Überwindung der Trauer erlangen viele Betroffene mehr Kraft für den Alltag. Diese nutzen sie für ihr besonderes Kind und die gesamte Familie. Die häusliche Förderung des Kindes gewinnt noch mehr an Bedeutung, ohne das Kind zu großem Druck auszusetzen oder überzogene Erwartungen zu haben. Viele Eltern gewinnen nun auch die Kraft, sich wieder vermehrt eigenen Interessen und Zielen zuzuwenden. Die Behinderung des Kindes bestimmt nicht mehr alle Gedanken. Häufig entsteht nun auch eine neue Lebenseinstellung: Die besondere Situation wird nicht mehr als schicksalhafte Last, sondern vielmehr als persönliche **Herausforderung** verstanden, die es zu bestehen gilt.

Phase 8: Solidarität – „Wir handeln ...!"

In der letzten Phase begreifen die Eltern die geistige Behinderung ihres Kindes nicht mehr nur als persönliches Schicksal. Sie erkennen, dass viele Familien betroffen sind, und dass es manche sogar schwerer haben als sie selbst. Manche Eltern entwickeln daraus ein besonderes gesellschaftliches Engagement: Sie gründen Selbsthilfegruppen und Vereine, sie sensibilisieren in der Öffentlichkeit für das Thema Behinderung und setzen sich für politische Veränderungen ein. Diese Art des Aktiv-Werdens wird von vielen als besonderes Glück und neuer Lebenssinn erlebt.

Fragen an mich selbst:

- In welcher Phase befinde ich mich gerade? Welche Gefühle sind vorherrschend? Welche Bedürfnisse werden damit ausgedrückt?
- Was habe ich bereits erlernt? Wer oder was hat mir besonders geholfen? Welche Stärken und Fähigkeiten habe ich erworben?
- Welche Schritte liegen noch vor mir? Welche Ziele möchte ich erreichen? Wer kann mich dabei unterstützen?

In Kap. 5 Literatur zum Weiterlesen finden Sie Literatur mit Alltagstipps und Anleitungen zur Krisenverarbeitung.

Wie Sie mit belastenden Gefühlen umgehen können

Wie Sie bereits erfahren haben, können während des Verarbeitungsprozesses verschiedenste Empfindungen auftauchen. Jedes Gefühl hat seine Ursache und seinen Zweck. Hier finden Sie einige Tricks und praktische Übungen, wie Sie mit unangenehmen Gefühlen besser umgehen können. Manchmal ist auch professionelle Hilfe nötig, um mit der neuen Situation zurechtzukommen. Mehr dazu lesen Sie am Ende des Abschnitts.

Wenn Angst und Unsicherheit überwiegen

Besonders in der Zeit direkt nach der Diagnosemitteilung erleben viele Mütter und Väter starke Ängste. Es stehen viele unbeantwortete Fragen im Raum: Wie soll es nun weitergehen?

Kann unsere Familie diese Belastung bewältigen? Bin ich überhaupt fähig, ein Kind mit Behinderung zu erziehen? Können wir die Situation finanziell stemmen?

Angst ist nützlich und gefährlich zugleich.

Im Grunde ist Angst ein äußerst vernünftiges Gefühl. Angstgedanken entstehen immer dann, wenn wir uns in unsicheren Situationen befinden. Die Angst wirkt dabei wie ein Warnsignal auf unseren Organismus. Das war schon in der Urzeit so: Wenn ein wildes Tier in der Nähe auftauchte oder ein Gewitter aufzog, empfanden die Menschen Angst. Der ganze Körper wurde in Alarmbereitschaft versetzt: Der Puls stieg, der Atem wurde schneller, die Muskeln spannten sich an. In Sekundenschnelle mussten sich die Urzeitmenschen für Kampf oder Flucht entscheiden. Dieser uralte Überlebensinstinkt hat sich bis heute gehalten. Wenn uns z.B. eine Prüfung bevorsteht, zeigen wir die gleichen körperlichen Reaktionen wie die Urzeitmenschen, wenn sie ein Raubtier am Horizont auftauchen sahen: Herzrasen, Schwitzen und Anspannung der Muskeln. Wir müssen uns entscheiden, ob wir uns der angstbesetzten Situation stellen oder lieber die Flucht ergreifen. Wenn wir die Herausforderung annehmen, ermöglicht uns die körperliche Angstreaktion, dass alle unsere Energiereserven mobilisiert werden. Die Angst ermöglicht es uns auch, Situationen im Voraus auf Gefahren zu prüfen und vorbeugende Sicherheitsmaßnahmen zu ergreifen.

Leider können Angstgedanken und -gefühle eine gefährliche Eigendynamik entwickeln. In besonders unsicheren Situationen überschlagen sich manchmal die angstvollen Gedanken. Wir können nicht aufhören zu grübeln und entwickeln immer neue Weltuntergangsfantasien. Wir spüren unseren körperlichen Erregungszustand. Eine starke innere Unruhe steigt in uns auf. Wenn wir diese Unruhe wahrnehmen, entstehen neue Angstgedanken und die Erregung verstärkt sich. In diesem Moment befinden wir uns direkt im **„Teufelskreis der Angst"**. Folgende Maßnahmen können nun helfen:

Erlauben Sie sich, Angst zu haben: Wie bereits beschrieben, ist es ganz normal, in neuen und unbekannten Situationen Angst zu empfinden. Ein Kind mit Intelligenzminderung aufzuziehen, ist eine Aufgabe, auf die Sie das Leben in keiner Weise vorbereitet hat. Schämen Sie sich deshalb nicht für Ihre Angst. Sagen Sie sich innerlich: „Es ist okay, dass ich Angst habe. Das ist ja auch eine schwierige Situation. Aber ich werde trotzdem weitermachen und mich meiner Angst stellen."

Finden Sie Antworten auf offene Fragen: Viele Fragen, die sich nach der Diagnosemitteilung stellen, können Ihnen beantwortet werden. Sie müssen nur die richtige Ansprechperson finden. Notieren Sie am besten alle Fragen, die durch Ihren Kopf schwirren, und suchen Sie nach geeigneten Fachleuten oder anderen betroffenen Eltern mit mehr Erfahrung. Besonders hilfreich sind spezialisierte ärztliche und psychologische Fachkräfte, Beratungsstellen und Selbsthilfevereine. Bei Informationen aus dem Internet sollten Sie dagegen vorsichtig sein und nur das lesen, was Ihnen wirklich hilft und die Angst nicht noch verstärkt.

Sprechen Sie über Ihre Ängste: Angst wird oft bereits dann schwächer, wenn wir offen über sie sprechen. Teilen Sie Ihre angstvollen Gedanken deshalb mit besonders nahestehenden Menschen aus Ihrem Freundeskreis oder Verwandten, die Ihnen aufrichtig zuhören und die Sie beruhigen und trösten können. Sprechen Sie auch mit Ihrer Partnerin bzw. Ihrem Partner über Ihre Befürchtungen. Wenn man die Last gemeinsam trägt, fühlt sie sich oft nur noch halb so schwer an.

Kommen Sie in Bewegung: Wer ständig angstvolle Gedanken hat, entwickelt eine immense innere Anspannung. Wenn wir uns nicht beschäftigen und uns voll und ganz auf die Angst konzentrieren, kann diese immer stärker werden, bis wir meinen, sie nicht mehr aushalten zu können. Lenken Sie sich deshalb bewusst ab und bewegen Sie Ihren Körper. Wenn das Gehirn mit anderen Aufgaben beschäftigt ist, kann es keine Angstgedanken entwickeln. Sie müssen nicht unbedingt Sport treiben; auch viele Aufgaben im Haushalt bringen uns mächtig ins Schwitzen.

Stoppen Sie das Grübeln: Wenn uns angstvolle Gedanken und Zukunftssorgen plagen, beginnen wir zu grübeln. Dieses ziellose Herumwandern der Gedanken quält viele Betroffene vor allem abends und in der Nacht. Meist führt das Grübeln jedoch nicht zu Lösungen, sondern vergrößert nur die innere Unruhe. Versuchen Sie deshalb, diesen Kreislauf zu durchbrechen. Schreiben Sie abends alle Gedanken auf, die Sie beschäftigen; so bekommen Sie den Kopf frei. Manchen Menschen hilft es auch, Grübelgedanken wirklich bis zu Ende zu denken. Fragen Sie sich: Was könnte im schlimmsten Fall geschehen? Oft wird dabei klar, dass es so schlimm wohl nie kommen wird bzw. dass es in jeder Lage noch Hilfe und Lösungen gibt. Beim Grübeln vor dem Einschlafen kann der **„Gedanken-Stopp"** helfen: Dabei unterbrechen Sie das Grübeln, indem Sie sich innerlich „STOPP" sagen. Dann denken Sie bewusst an etwas anderes, z.B. eine schöne Urlaubserinnerung oder einen entspannenden Ort in der Natur. Am besten machen Sie sich eine Liste mit schönen Gedanken, die sie dafür jederzeit parat haben.

Einen Buchtipp zum Umgang mit Ängsten finden Sie auch in Kap. 5. Literatur zum Weiterlesen.

Viele Menschen glauben, mutig zu sein bedeutet, niemals Angst zu haben. Doch das Gegenteil ist der Fall: Nur wer Angst empfindet, kann auch mutig sein. Wahren Mut beweisen Menschen, die sich schwierigen Situationen stellen, obwohl sie starke Angst haben. Sie wissen um ihre sorgenvollen Gedanken, sie spüren die innere Erregung und sie tun dennoch genau das, wovor sie sich fürchten.

Wahren Mut beweisen Menschen, die sich der Angst stellen.

In Ihrem Fall bedeutet mutig zu sein, dass Sie sich jeden Tag erneut den Anforderungen stellen, die das Leben mit einem Kind mit Behinderung mit sich bringt. Trotz aller Sorgen und Ängste nehmen Sie die Herausforderung an. Sie haben keine Angst vor Ihren Gefühlen. Sie haben keine Angst, um Hilfe zu bitten. Sie trauen sich, neue und unbekannte Wege zu beschreiten. Und genau das ist es, was wahren Mut ausmacht.

Wenn Wut und Ärger überwiegen

Während des Verarbeitungsprozesses können bei Müttern und Vätern starke Wutgefühle entstehen. Manchmal ist es die Wut auf das Schicksal und die ungerechte Situation, die ihnen widerfahren ist. Oder es ist der Ärger über die Unfähigkeit der ärztlichen Fachkräfte, über die ständigen Hindernisse beim Beantragen von Hilfen und manchmal auch auf das Kind selbst. Manche Eltern äußern ihre Wut laut und direkt; bei anderen brodelt sie eher innerlich und bahnt sich durch passiv-aggressives Verhalten einen Weg nach draußen. Das größte Problem hierbei ist, dass die Wut der Eltern keinen echten Gegner findet. Üblicherweise kann niemand etwas dafür, dass ein Kind eine Behinderung hat – am wenigsten das Kind selbst. Es kann deshalb passieren, dass die Betroffenen ihre

Die Wut der Eltern findet keinen Gegner.

Wut an anderen Stellen herauslassen und damit wichtige Beziehungen gefährden. Im schlimmsten Fall trifft die Wut den Partner bzw. die Partnerin, die Geschwisterkinder oder das betroffene Kind selbst. Es ist deshalb wichtig, dass Sie einen Weg finden, konstruktiv mit Ihrer (durchaus berechtigten) Wut umzugehen. Einige Lösungsvorschläge finden Sie hier:

Reduzieren Sie Ihre Grundanspannung und eliminieren Sie Stressquellen: Wenn Menschen unter ständigem Stress stehen, geraten sie schneller in Wut. Diese platzt dann bei den unpassendsten Gelegenheiten heraus. Finden Sie heraus, was Sie neben der Diagnose Ihres Kindes noch stresst. Ist es der ungerechte Führungsstil Ihres Chefs? Sind es die ständigen Konflikte in der Großfamilie? Oder ist Ihr Terminkalender übervoll? Versuchen Sie, Ihren Grundstress zu reduzieren. Vielleicht ist ein Arbeitsplatzwechsel möglich oder die Treffen mit kräfteraubenden Personen aus Ihrem Umfeld lassen sich zeitlich beschränken. Setzen Sie Prioritäten. Sie brauchen nun all Ihre Kraft für Ihr besonderes Kind und Ihre Familie.

Üben Sie sich in Achtsamkeit: Viele Menschen haben das Gefühl, dass die Wut einfach über sie hereinbricht. Hat ein Wutanfall erst einmal begonnen, ist er tatsächlich schwer zu stoppen. Es ist deshalb wichtig, dass Sie ein gutes Gespür für Ihre Gedanken und Gefühle entwickeln und sich regelmäßig fragen: Wie geht es mir gerade? Wenn Stress und Anspannung zu viel werden, sollten Sie eine kleine Pause einlegen. Wenn Sie spüren, dass sich ein Wutanfall ankündigt, können Sie Vorsorgemaßnahmen ergreifen. Verlassen Sie notfalls die Situation und lassen Sie die Wut vorbeiziehen.

Nutzen Sie Sport und Bewegung: Wut führt zu einer starken inneren Anspannung. Vielen Menschen hilft es, Sport zu treiben und sich zu bewegen, um die eigene Wut langsam verrauchen zu lassen. Strampeln Sie einige Runden auf dem Hometrainer, reißen Sie Unkraut aus oder hacken Sie einen großen Stapel Holz. Gehen Sie joggen oder spazieren und brüllen Sie Ihren Ärger in der einsamen Natur aus sich heraus. Man kann die Wut nicht einfach abschalten; aber man kann ab und zu ein bisschen Wut wie durch ein Ventil ablassen.

Ergründen Sie die Ursachen Ihrer Wut: Manchmal sind Ärger und Wut nur eine Ablenkung von anderen schmerzhaften Gefühlen, die wir im Moment nicht wahrnehmen wollen: Angst, Traurigkeit, Scham, Schuldgefühle. Finden Sie heraus, was Sie wirklich bedrückt, und setzen Sie sich bewusst damit auseinander.

Verlieren Sie nicht den Blick für das Positive: Nicht umsonst spricht man von „blindem Zorn". Wut und Ärger führen oft dazu, dass wir uns vollkommen auf das Negative fokussieren und all die schönen Dinge, die der Alltag bereithält, gar nicht mehr wahrnehmen. Lenken Sie deshalb Ihren Blick immer wieder bewusst auf die schönen Dinge des Lebens: Die Kinder, die im Garten fröhlich spielen. Die Freundinnen, die Ihnen regelmäßig helfen. Der Therapeut, der einen guten Tipp parat hat. Manchen Menschen hilft es, jeden Abend mindestens drei positive Dinge, die sie erlebt haben, in ein „Dankbarkeitstagebuch" einzutragen.

Setzen Sie sich mit „heiligem Zorn" für Ihr Kind ein: Wie alle Gefühle hat auch die Wut durchaus ihren Nutzen. Ärger mobilisiert all unsere Energiereserven, um uns gegen Ungerechtigkeiten und Widerstände durchzusetzen. Kontrolliert eingesetzt kann Wut deshalb durchaus nützlich sein. Schreiben Sie einen gepfefferten Widerspruch an das Amt, das Ihren Antrag erneut abgelehnt hat. Setzen Sie durch, dass Ihr Kind die beste Förderung erhält. Weisen Sie Passanten, die über Ihr Kind tuscheln, mit klaren und eindeutigen Worten zurecht. So wird Wut zu echter Stärke.

Wenn Schuldgefühle überwiegen

Viele Väter und erfahrungsgemäß noch mehr Mütter quälen sich mit Schuldgefühlen. Obwohl sie es rational meist besser wissen, glauben sie, in irgendeiner Weise verantwortlich für die Behinderung ihres Kindes zu sein. Einige Betroffene fragen sich: Vielleicht hätten wir so spät doch kein weiteres Kind bekommen sollen? Haben wir irgendeinen Fehler gemacht? Vielleicht hätten wir die Pränataldiagnostik nicht ablehnen sollen? Schuldgefühle können über viele Jahre belastend sein und viel Energie rauben. Dies führt manchmal bis hin zu sozialer Isolation und der Ablehnung von Hilfsangeboten. Manche Eltern wollen ihre vermeintliche Schuld auch wiedergutmachen, indem sie das Kind besonders intensiv umsorgen und verwöhnen. Dies kann dazu führen, dass das Kind zu wenig Selbstständigkeit erwirbt oder dass die gesunden Geschwisterkinder vernachlässigt werden. In jedem Fall können starke Schuldgefühle viel Leid verursachen. Es ist deshalb wichtig, dass Sie mit anderen über Ihre Gefühle sprechen und sich ggf. professionelle Unterstützung suchen. Manche Mütter und Väter halten auch dann noch an Schuldgefühlen fest, wenn sie rein sachlich bereits wissen, dass sie nicht für die Behinderung ihres Kindes verantwortlich sind. In solchen Fällen wirken die Schuldgefühle manchmal wie ein Schutzwall vor den noch schmerzhafteren Emotionen und Gedanken, denen man sich nicht stellen möchte: Die Angst vor der Zukunft, die Wut über das Schicksal, die Trauer über die Gesamtsituation.

Schuldgefühle wirken lähmend.

Um die Krise zu verarbeiten, ist es wichtig, sich irgendwann auch diesen Gefühlen zu stellen. Nur so erhalten Sie ausreichend Kraft, um Ihr Kind gut zu versorgen und Ihre Zukunft positiv zu gestalten.

„Das Wichtigste ist zu erkennen, dass die Schuldgefühle verblassen und nur noch eine vage Erinnerung an eine schwierige Zeit sein werden, wenn wir mit unserer Mitverantwortung für die Gegenwart und Zukunft des Kindes sinnvoll umgehen." (Juul 2014, 37)

Wenn die Trauer überwiegt

Im Verarbeitungsmodell von Schuchardt (1982) sehen Sie, dass vor der Phase der vollständigen Akzeptanz der Situation eine Zeit der Depression bzw. der Trauer steht. Es ist der intensivste und häufig auch der längste Abschnitt im Verarbeitungsprozess. Doch am Ende winkt ein wertvoller Preis: Die vollständige Annahme des Kindes mit seiner Behinderung. Zudem erleben viele Eltern nach der starken Traurigkeit, dass sie mehr Kraft und Zuversicht empfinden und das Leben mit ihrem besonderen Kind nun aktiv und selbstbestimmt gestalten wollen. Die Trauer ist somit der Schlüssel zu einem freieren und glücklicheren Leben.

Trauer ist ein Gefühl, das man am ehesten mit dem Verlust geliebter Menschen in Verbindung bringt. Ihr Kind lebt. Sie mögen sich fragen, ob Sie überhaupt Grund zum Trauern haben. Aber auch Situationen, in denen sich unsere Wünsche und Hoffnungen für die Zukunft nicht erfüllen, sind schwere Verlusterfahrungen. Als Eltern eines Kindes mit geistiger Behinderung haben Sie einen solchen schweren Verlust erlitten: Sie haben das gesunde Wunschkind verloren, das Sie sich erträumt hatten. Viele Eltern haben bereits lange vor der Geburt ihres Kindes eine klare Idee davon, wie dieses Kind sein wird und wie der Familienalltag aussehen könnte. Krankheit und Behinderung spielen dabei üblicherweise keine Rolle. Je näher dann der Geburtstermin rückt, desto konkreter werden die Vorstellungen der Eltern: Sie stellen sich vor, das Kind auf dem Arm zu halten, gemeinsam zu spielen, Ausflüge zu machen und Urlaubsreisen zu genießen. Viele denken bereits an den ersten Schultag ihres Kindes, seinen Schulabschluss, die Berufsausbildung und vielleicht sogar an Enkelkinder. Mit der Mitteilung der Diagnose „Intelligenzminderung" lösen sich viele dieser Träume und Hoffnungen urplötzlich in Luft auf. Die Eltern müssen Abschied nehmen von dem Kind, das sie sich so lange erträumt haben. Es ist ganz natürlich, dass nun intensive Gefühle des Schmerzes und der Traurigkeit entstehen. Diese Emotionen können sich so schwer anfühlen, dass sie richtig Angst machen; doch sie sind notwendig, um diese Krise zu überstehen und frei zu werden für die Herausforderungen der Zukunft. **In der Trauer liegt der Schlüssel zur inneren Heilung.** Es ist eine Phase des Erkennens und des Annehmens, an deren Ende häufig Akzeptanz steht.

Trauer ist Verlustschmerz.

Geben Sie sich deshalb Zeit und Raum, um diese Gefühle zu erleben. Es wird eine Weile dauern, aber irgendwann wird es Ihnen besser gehen und Sie werden erleben, wie Sie Ihr Kind in seiner Besonderheit immer mehr annehmen und positive Dinge an Ihrem Kind viel deutlicher und dankbarer wahrnehmen können.

Die Wege der Trauer sind unterschiedlich

Das Gefühl der Trauer ist sehr individuell. Jeder Mensch nimmt Traurigkeit anders wahr und findet eigene Wege, damit umzugehen. Um Trauer zu empfinden, muss man nicht weinen; vielen Menschen tut es jedoch gut, die Tränen ab und zu fließen zu lassen. Manche Betroffene möchten die Gefühle der Traurigkeit lieber allein durchleben; andere finden Anteilnahme und Trost bei geliebten Menschen. Manche drücken ihren Schmerz auf kreative Weise aus: Sie schreiben, malen oder machen Musik. Andere finden Trost und neuen Mut in der Natur. Manche Menschen verarbeiten ihre Trauer, indem sie aktiv werden, z. B. indem sie etwas bauen oder das Zimmer des Kindes entsprechend seiner besonderen Bedürfnisse einrichten. Egal, was Ihnen jetzt gut tut: Es ist das Richtige. Geben Sie sich alle Freiheiten der Welt, um ihren Schmerz zu verarbeiten. Und respektieren Sie auch den Umgang, den Ihre Partnerin oder Ihr Partner und die Geschwisterkinder finden, um mit der besonderen Situation zurechtzukommen.

Wenn aus schweren Gefühlen psychische Störungen werden – so finden Sie professionelle Hilfe

Die bisher beschriebenen Empfindungen sind im Rahmen der Krisenverarbeitung vollkommen normal. Sie können sehr schmerzhaft sein und einige Zeit andauern. Üblicherweise ist der Leidensdruck aber erträglich und schwächt mit der Zeit ab. Manchmal kommt es jedoch vor, dass Eltern psychische Beschwerden entwickeln, bei denen die hier beschriebenen Selbsthilfetipps nicht mehr ausreichen. Manche Mütter und Väter entwickeln eine behandlungsbedürftige Angststörung, Zwangsgedanken, psychosomatische Beschwerden oder eine Depression. Die Betroffenen brauchen nun dringend professionelle Hilfe.

Psychische Störungen entstehen üblicherweise aus dem Aufeinandertreffen der individuellen Veranlagung eines Menschen mit äußerem Stress. Bei manchen Eltern löst die Belastung, ein Kind mit geistiger Behinderung zu haben, eine psychische Störung aus. Dies wird umso wahrscheinlicher, wenn weitere Stressfaktoren vorliegen:

Erhöhter Stress bereits vor der Diagnosemitteilung: Manche Eltern erhalten die Diagnose ihres Kindes, wenn sie sich bereits in einer sehr angespannten Lebenssituation befinden. Ständiger Stress auf der Arbeit, ein andauernder Paarkonflikt oder eine eigene chronische Krankheit können eine Rolle spielen. Die Diagnosemitteilung lässt dann sprichwörtlich „das Fass überlaufen“.

Besondere Pflegebedürftigkeit des Kindes: Manche Kinder mit Intelligenzminderung haben zusätzliche Erkrankungen und Einschränkungen. Der Dauerstress durch die Pflege des Kindes, häufige Krankenhausaufenthalte oder gar lebensbedrohliche Situationen lösen bei den Bezugspersonen eine erhöhte Belastung aus, die zur Entwicklung einer psychischen Störung führen kann. Auch extreme Verhaltensauffälligkeiten des Kindes können den Gesamtdruck erhöhen, z.B. wenn das Kind ständige Beaufsichtigung und Kontrolle benötigt.

Erinnerung an eigene Kindheitserfahrungen und Lebensthemen: Bei manchen Eltern vergrößert die Diagnose des Kindes eigene, bereits vorhandene psychische Probleme. Die Feststellung einer Behinderung kann an schmerzhafte Erfahrungen aus der Vergangenheit erinnern oder Selbstwertprobleme verstärken. Wenn Familienmitglieder die Behinderung des Kindes nicht akzeptieren oder der betroffenen Person Vorwürfe machen, kann dies alte Beziehungskonflikte wieder aufflammen lassen. Vielleicht hat sich die Person selbst in ihrer Kindheit nicht geliebt und angenommen gefühlt. In solchen Situationen bietet eine Psychotherapie die beste Unterstützung.

Wer psychische Beschwerden hat, benötigt ebenso professionelle Behandlung wie ein Mensch, der an einer körperlichen Erkrankung leidet. Eine solche Hilfestellung in Anspruch zu nehmen, bedeutet nicht zu scheitern, sondern es ist ein Zeichen wirklicher Stärke. Indem Sie eine psychologische Beratung oder Therapie aufsuchen, übernehmen Sie Verantwortung für sich selbst und die Menschen in Ihrer Umgebung. Sie schenken sich selbst Zeit und Aufmerksamkeit und nehmen Ihre eigenen Bedürfnisse ernst. Davon profitieren auch Ihr Kind und die gesamte Familie, denn Sie werden wieder mehr Freude empfinden und den Alltag gelassener bewältigen.

Wer Psychotherapie in Anspruch nimmt, beweist Stärke.

Wenn Sie bei sich selbst Symptome einer psychischen Störung vermuten, ist es sinnvoll, zunächst Ihre hausärztliche Fachkraft aufzusuchen. Diese kann die körperliche Symptomatik (z. B. Schmerzen, Schlafstörungen, Müdigkeit) abklären und Sie zu weiteren Hilfen beraten. Eine krankenkassenfinanzierte psychotherapeutische Behandlung erhalten Sie bei niedergelassenen Psychologischen Psychotherapeutinnen und Psychotherapeuten oder Fachärztinnen und Fachärzten für Psychiatrie mit einer Zusatzqualifikation für Psychotherapie. Bei solch einer psychiatrischen Fachkraft können Sie zudem abklären lassen, ob eine Medikation in Ihrem Fall notwendig und hilfreich wäre. Nicht immer ist die Suche nach einer psychotherapeutischen Fachkraft sofort erfolgreich. Viele therapeutische Fachkräfte haben Wartezeiten zwischen sechs Monaten und eineinhalb Jahren. Es ist deshalb sinnvoll, sich bei mehreren Praxen gleichzeitig auf die Warteliste setzen zu lassen. Manchmal ist einem die psychotherapeutische Fachkraft auch unsympathisch oder die Chemie stimmt einfach

Die therapeutische Fachkraft sollte Ihnen sympathisch sein.

nicht. Dann ist es sinnvoll und berechtigt, die Fachkraft zu wechseln. In Notfällen können Sie sich jederzeit an die Ambulanz einer psychiatrischen Klinik wenden.

Tipp

→ *Psychologische Psychotherapeutinnen und -therapeuten sowie Fachärztinnen und -ärzte für Psychiatrie in Ihrer Nähe finden Sie über die Kassenärztliche Vereinigung (KV) Ihres Bundeslandes auf dieser Website: https://www.kbv.de/html/index.php.*

Wieder leben lernen – Selbstfürsorge für Eltern

Viele Eltern – und ganz besonders viele Mütter – sind Meisterinnen und Meister der Fürsorge. Sie sorgen für ihre Kinder. Sie sorgen für ihre Partnerinnen und Partner. Sie sorgen sich um den Haushalt. Und bei der Arbeit sorgen sie für ihre Kundschaft und den Kollegenkreis. Nur eine Person wird bei all der Fürsorge häufig übersehen: Sie selbst. Auf sich selbst zu achten und gut für sich zu sorgen, fällt vielen Menschen schwer. Das liegt auch daran, dass viele bereits als Kinder gelernt haben, die Bedürfnisse anderer Menschen wichtiger zu nehmen als ihre eigenen. Wenn man gesund und leistungsfähig bleiben will, ist es wichtig zu lernen, die eigenen Bedürfnisse wahrzunehmen und ausreichend zu erfüllen. Dies gilt ganz besonders dann, wenn man ein Kind mit Behinderung pflegt.

Eigene Bedürfnisse ernst nehmen

Wenn Sie schon einmal mit einem Flugzeug geflogen sind, dann erinnern Sie sich bestimmt an die Sicherheitshinweise für einen plötzlichen Druckabfall in der Kabine. Wenn die Sauerstoffmasken nach unten fallen, sollen Reisende sich zuerst ihre eigene Maske aufsetzen, bevor sie ihr Kind versorgen. Das erscheint logisch. Denn wie soll die Mutter dem Kind helfen, wenn sie selbst keine Maske trägt und das Bewusstsein verliert? Im täglichen Leben ist es gar nicht so viel anders: Eltern, die nicht gut auf sich selbst achten, fehlt irgendwann die Kraft für die Versorgung ihrer Kinder. Über kurz oder lang wird sprichwörtlich „der Akku leer".

In diesem Kapitel erfahren Sie, was Sie tun können, um im Alltag immer wieder neue Energie zu tanken. Betrachten Sie die Hinweise als eine Chance, sich selbst ernst zu nehmen und Ihr Leben erfüllter zu gestalten. Sie sind nicht nur Mutter, Vater oder erziehungsberechtigte Person, sondern ein ganz besonderer Mensch mit Zielen, Wünschen und Bedürfnissen. Erlauben Sie sich, neben der Versorgung Ihres Kindes, auch diese Wünsche zu erfüllen, damit Ihr Leben glücklich und erfüllt wird.

Wenn Eltern zur Aufopferung neigen

Direkt in den Burn-out?

Bei meiner täglichen Arbeit als Psychologin in einem SPZ begegne ich immer wieder Eltern, die kurz vor dem Nervenzusammenbruch stehen. Sie geben alles für ihr Kind. Die Tage sind gefüllt mit Arztterminen, Therapien und Pflegetätigkeiten. Wenn dann noch der Haushalt erledigt werden muss und die Geschwisterkinder Aufmerksamkeit einfordern, bleibt vielen Müttern und Vätern kaum noch Zeit für sich selbst. Manche können sich gar nicht mehr vorstellen, eine Pause einzulegen oder etwas zu tun, das ihnen selbst gut tut.

„Ich kann nicht mehr. Ich weiß nicht, wie ich das noch weiter schaffen soll", höre ich oft. Das ist der Punkt, an dem ich das Gespräch unterbreche und sage: „Okay, jetzt reden wir nicht mehr über Ihr Kind. Jetzt möchte ich erst mal wissen, wie es Ihnen geht."

Viele Eltern berichten dann von innerer Unruhe, Gereiztheit, körperlichen Schmerzen und Schlafstörungen bis hin zu Gefühlen von Verzweiflung und Hoffnungslosigkeit. Es sind die ersten Anzeichen eines Burn-outs. Dieser entwickelt sich meist langsam und kann im schlimmsten Fall in eine schwere Depression münden. Doch wie kommt es dazu, dass Eltern immer wieder über ihre eigenen Grenzen gehen? Viele meinen, es liege am Zeitdruck oder an den vielen Verpflichtungen. Manchmal gibt es aber auch tieferliegende Gründe. Vielleicht finden Sie sich in dem einen oder anderen wieder:

Schuldgefühle und der Wunsch nach Wiedergutmachung: Manche Betroffene fühlen sich schuldig für die Behinderung ihres Kindes. Auch wenn es objektiv dafür kaum Argumente gibt, bleibt oft der Gedanke: „Vielleicht haben wir doch etwas falsch gemacht." Manche Eltern fühlen sich auch allgemein schuldig für die Ungerechtigkeit, die ihrem Kind widerfahren ist. Um die Schuld zu vergessen oder wiedergutzumachen, werden dann besondere Anstrengungen für das Kind auf sich genommen. Die Eltern suchen ständig nach neuen und noch besseren Therapiemöglichkeiten und opfern all ihre Zeit für die Versorgung und Förderung des Kindes. Machen Sie sich bitte bewusst, dass niemand schuld ist an der Behinderung Ihres Kindes. Ganz besonders nicht Sie als Eltern! Selbstverständlich wollen Sie immer das Beste für Ihr Kind. Wenn eine Intelligenzminderung besteht, kann diese leider auch mit noch so viel Einsatz und Unterstützung nicht geheilt werden. Ihre Aufgabe ist es nun, Ihr Kind so anzunehmen, wie es ist, und gut für sich selbst zu sorgen, damit Sie ihm viel Hilfe und Aufmerksamkeit schenken können.

Die Erwartungen der anderen: Wer Kinder hat, bekommt Ratschläge von allen Seiten. Großeltern, Tanten, Onkel und Bekannte wissen häufig alles besser. Wenn Sie mit Ihrem Kind ärztliche und therapeutische Fachkräfte aufsuchen, werden Sie auch hier immer wieder neue Tipps und Ratschläge erhalten, was Sie für Ihr Kind tun „müssen". Machen Sie sich bewusst, dass nicht jeder Ratschlag sinnvoll ist und dass Sie niemals alles umsetzen können. Als Eltern haben Sie ein gutes Gespür dafür, welche Therapien Ihrem Kind helfen und welche Form der Förderung wirklich gut tut. Trauen Sie sich, die Förderentscheidungen mit Ihren ärztlichen und therapeutischen Fachkräften zu diskutieren. Manchmal finden sich dann gute Kompromisse, die sowohl Ihnen als auch Ihrem Kind mehr Freiraum verschaffen.

Negative Glaubenssätze aus der Kindheit: Als Kinder haben wir von den Erwachsenen allerlei Ratschläge erhalten, wie wir uns verhalten sollten. Lehrkräfte, Erzieherinnen und Erzieher, vor allem aber unsere Eltern haben so unsere Einstellung zum Leben geprägt. Viele Menschen verhalten sich deshalb häufig unbewusst so, wie es die Eltern von ihnen als Kind verlangten. Innere Sätze und Regeln steuern ihr Verhalten. Manche dieser Ratschläge sind nützlich und hilfreich. Andere haben die Betroffenen tief verletzt. Dies sind Sätze wie „Du bist nur etwas wert, wenn du Leistung bringst", „Kümmere dich erst um die anderen und dann um dich selbst" oder „Deine Gefühle sind nicht wichtig". Solche inneren Überzeugungen nennen psychologische Fachkräfte „negative Glaubenssätze". Häufig bestimmen diese auch das Verhalten von Eltern gegenüber ihren Kindern. Und so kann es geschehen, dass manche Mütter und Väter sich für ihre Kinder aufopfern, ohne an die eigenen Bedürfnisse zu denken. Überprüfen Sie einmal, ob auch Sie solche unbewussten Glaubenssätze in sich tragen. Womöglich können Sie einige identifizieren, verändern oder ganz verabschieden. Wer tiefer gehen möchte, kann diese Themen im Rahmen einer Psychotherapie besprechen.

Tipps für eine gute Selbstfürsorge

Damit Sie auf lange Sicht körperlich und seelisch gesund bleiben, sollten Sie lernen, Ihre eigenen Bedürfnisse wahrzunehmen und sich immer wieder etwas Gutes zu gönnen. Jeder Tag sollte einige schöne Momente für Sie selbst beinhalten. Als Inspiration finden Sie hier einige alltägliche Routinen, die Ihnen dabei helfen können:

Denken Sie an Ihre körperlichen Grundbedürfnisse: Erinnern Sie sich noch an die ersten Wochen und Monate mit Ihrem Baby? Damals waren Sie so mit der Versorgung des Säuglings beschäftigt, dass Sie es kaum schafften, regelmäßig zu essen, zu trinken oder unter die Dusche zu gehen. Vom Schlafmangel mal ganz abgesehen! Kinder mit geistiger Behinderung benötigen auch in höherem Alter noch viel Pflege. Damit Ihnen nicht die Kräfte ausgehen, ist es wichtig, dafür zu sorgen, dass Ihre eigenen Grundbedürfnisse gestillt werden. Essen Sie regelmäßig, abwechslungsreich und gesund. Achten Sie darauf, genügend zu trinken und nehmen Sie notwendige medizinische Behandlungen wahr. Schlafen Sie ausreichend und regelmäßig, soweit es Ihr Kind zulässt. Das verschafft Ihnen ein positives Körpergefühl und ausreichende Energiereserven für einen anstrengenden Alltag.

Verbringen Sie regelmäßig Zeit allein: Achten Sie darauf, jeden Tag wenigstens ein paar Minuten mit sich allein zu sein. Nur wenn wir allein sind, können wir so richtig spüren, wie es uns geht und was wir gerade brauchen. Als Eltern rutschen Sie oft in eine Rolle und manchmal ist es gar nicht so leicht, diese wieder zu verlassen. Nutzen Sie kurze Zeiten des Alleinseins, um zu sich selbst zu finden und Kraft zu tanken.

Planen Sie positive Aktivitäten in Ihr Leben ein: Erinnern Sie sich noch, wann Sie sich das letzte Mal bewusst etwas Gutes getan haben? Ein Bad nehmen, ein gutes Buch lesen, in Ruhe mit einer Freundin oder einem Freund telefonieren: Viele kleine Aktivitäten führen zu Freude und Entlastung. Leider vergessen wir sie im hektischen Alltag viel zu oft. Es kann helfen, sich diese Vergnügen bewusst im Kalender einzuplanen. Wenn Ihnen spontan nichts einfällt, dann versuchen Sie sich daran zu erinnern, was Ihnen als Kind Freude gemacht hat oder was Sie gern getan haben, bevor Sie ein Kind hatten. Die Ideen dürfen ruhig etwas verrückt sein. Hauptsache Sie haben Spaß!

Bewegen Sie sich regelmäßig: Sport und Bewegung stärken nicht nur die Muskeln, sondern auch das Gehirn und unsere Psyche. Beim Laufen, Radfahren oder Schwimmen werden Glücks- und Entspannungshormone ausgeschüttet. Suchen Sie sich einen Sport, der Ihnen wirklich Spaß macht und versuchen Sie, diesen regelmäßig auszuführen. Bereits bei ein oder zwei Einheiten pro Woche werden Sie nach kurzer Zeit mehr Energie verspüren. Wenn Sie gern mit anderen Menschen zusammen trainieren, können Sie einen Kurs besuchen oder einem Verein beitreten. Auch das Internet bietet inzwischen viele Anregungen für ein kurzes Work-out direkt im Wohnzimmer.

Treffen Sie sich regelmäßig mit Menschen, die Ihnen gut tun: Wer viel Zeit mit einem Kind mit Behinderung zu Hause verbringt, kann sich schnell einsam fühlen. Manchmal ziehen sich Menschen aus dem alten Freundes- und Bekanntenkreis zurück, weil sie verunsichert sind und nicht wissen, wie sie Ihnen helfen können. Dabei sind ein gutes Gespräch und eine schöne gemeinsame Zeit oft schon Hilfe genug. Bitten Sie Ihre Freundinnen und Freunde, mit Ihnen in Kontakt zu bleiben, auch wenn Sie weniger Zeit haben und gelegentlich absagen müssen. Mehr Tipps, wie Sie Ihre Kontakte pflegen können, erhalten Sie in Kap. 4. Der Umgang mit dem sozialen Umfeld.

Erlernen Sie ein Entspannungsverfahren: Wenn Sie unter großem Druck und Stress stehen, können regelmäßige Entspannungsübungen helfen. Das Angebot ist groß: Wer es gern ruhig mag und den Kopf frei bekommen möchte, kann Atemübungen, autogenes Training oder Meditation ausprobieren. Wer es lieber etwas aktiver mag, sollte körperbetonte Verfahren wie die Progressive Muskelentspannung, Yoga oder Qi-Gong erlernen. Sie brauchen dazu keinen teuren Kurs buchen. Auf Internet-Plattformen wie YouTube finden Sie eine große Auswahl an kostenlosen angeleiteten Entspannungsübungen, die Sie einfach zu Hause ausführen können. Wichtig ist, dass Sie das Entspannungsverfahren regelmäßig üben, damit Sie es in Stresssituationen direkt einsetzen können.

Die Partnerschaft als Kraftquelle – wie Sie Ihre Paarbeziehung stärken

Wenn Menschen eine Beziehung eingehen, beginnt die Partnerschaft meist mit großen romantischen Gefühlen und idealistischen Zukunftserwartungen. Manche Menschen sind enttäuscht, wenn dann nach einigen Jahren die großen Glücksgefühle schwinden und immer mehr der Alltag einzieht. Wenn ein Paar eine Familie gründet und das erste Kind geboren wird, verändern sich die Rollen der Eltern grundlegend. Sie sind nun nicht mehr nur zu zweit, sondern zu dritt. Statt einem Liebespaar sind sie nun auch Eltern und die Bedürfnisse des Kindes stehen meist im Vordergrund. Eigene Wünsche und Ziele, aber auch partnerschaftliche Aktivitäten können auf der Strecke bleiben. Dies ist eine Bewährungsprobe für jede Beziehung.

Eltern sein – Paar bleiben

Wenn Eltern ein Kind mit Behinderung haben, wird ihre Partnerschaft besonders hart auf die Probe gestellt. Bestehende Konflikte und Krisen können verstärkt werden oder es entstehen ganz neue Streitpunkte. Gleichzeitig ist eine wertschätzende und unterstützende Paarbeziehung eine wichtige Kraftquelle für den Alltag. Achten Sie deshalb bewusst darauf, wie sich Ihre Beziehung entwickelt und sorgen Sie dafür, dass Sie nicht nur gute Eltern sind, sondern auch ein starkes Paar bleiben.

Allein erziehen – eine besondere Herausforderung

Manche Eltern können ihr Kind nicht gemeinsam mit einer verpartnerten Person aufziehen. Einige Entscheidungen mögen dadurch leichter fallen, doch häufig fehlt ihnen auch diese „besondere Kraftquelle" einer Partnerschaft. Single-Eltern erleben oft noch stärkere emotionale Belastungen und müssen den Alltag ihrer Kinder allein organisieren. Zudem können Gefühle von Traurigkeit oder Schuld entstehen, wenn sie den Eindruck haben, dass den Kindern das andere Elternteil fehlt. Für die Betroffenen ist es besonders wichtig, sich Hilfe und Unterstützung im Umfeld zu suchen. Befreundete, verwandte und bekannte Personen können zumindest zeitweise Aufgaben des fehlenden Elternteils übernehmen und für emotionale Entlastung sorgen. Manchmal treten auch professionell Helfende hinzu.

Wie Sie sich ein tragfähiges Netz von unterstützenden Menschen aufbauen können, erfahren Sie ab Kap. 4. Der Umgang mit dem sozialen Umfeld.

Manche Menschen erziehen gemeinsam ein Kind, ohne dass die Eltern in einer romantischen Partnerschaft leben, z. B. Eltern in Trennung, Co-Eltern und andere alternative Familienformen. Auch hier ändern sich nach der Diagnose einer Intelligenzminderung die bisher vereinbarten Abläufe sowie die Bedürfnisse und Aufgaben der einzelnen Familienmitglieder. Haben Sie den Mut, neue, gemeinsam getroffene Entscheidungen schriftlich festzuhalten und sich gegebenenfalls professionelle Unterstützung von außen hinzuzuholen.

Typische Belastungsfaktoren für die Beziehung

Eltern von Kindern mit Behinderung haben dieselben Probleme wie alle anderen auch: Der Familienalltag muss organisiert werden. Morgens gibt es Hektik, damit alle rechtzeitig aus dem Haus kommen. Man streitet über verschiedene Ansichten zur Erziehung. Für gemeinsame Aktivitäten, Intimität und Sexualität bleibt manchmal wenig Raum. Dazu kommen Belastungsfaktoren, die andere Familien nicht kennen, und für die Sie Ihre ganz eigenen Lösungen finden müssen:

Die individuelle Verarbeitung der Diagnose: Nachdem Sie die Diagnose Ihres Kindes erfahren haben, müssen beide Elternteile einen Weg finden, mit der neuen Situation zurechtzukommen. Dabei gehen die Betroffenen manchmal ganz unterschiedliche Wege. Vielleicht benötigt ein Elternteil viel Ruhe und Zeit für sich, um mit der neuen Situation zurechtzukommen, während der andere sich in ablenkende Aktivitäten stürzt. Das kann irritierend und sogar verletzend wirken. Vielleicht finden Sie den Umgang Ihres Partners bzw. Ihrer Partnerin mit der Erkrankung Ihres Kindes unpassend. Vielleicht fällt es Ihnen schwer, gemeinsam über die Situation und Ihre Gefühle zu sprechen. Wenn ein Elternteil an einer behandlungsbedürftigen psychischen Störung leidet, kann dies die Beziehung zusätzlich belasten. Hier gilt es vor allem, sich gegenseitig Zeit zu geben und sich auch Hilfe außerhalb der Partnerschaft zu suchen. Häufig finden Paare so wieder zueinander und lernen, den neuen Alltag gemeinsam zu bewältigen.

Zeitdruck und Termine: Familien mit kleinen Kindern stehen häufig unter Zeitdruck. Den Familienalltag zu organisieren, gleicht manchmal der Lösung eines gordischen Knotens. Ein Kind mit Intelligenzminderung fordert umso mehr Zeit und Aufmerksamkeit. Nicht nur die vielen Arzttermine und Therapien müssen in den Tagesablauf integriert werden, oft benötigt das Kind auch noch in höherem Alter ständige Beaufsichtigung und Pflege. Manche Paare berichten, dass sie seit Jahren keine Zeit mehr zu zweit verbracht haben. Dabei sind Zeiten der Zweisamkeit das Lebenselixier jeder guten Beziehung. Auch eine Beziehung muss gepflegt werden. Achten Sie deshalb darauf, sich regelmäßig kleine Auszeiten nur für sich als Paar zu nehmen.

Beispiel

Frau Melnis und Frau Weises *achtjähriger Sohn Julian leidet unter dem Prader-Willi-Syndrom. Neben einer geistigen Behinderung weist er auch starke Verhaltensauffälligkeiten auf. Julian ist sehr impulsiv und aggressiv. Er muss den ganzen Tag beaufsichtigt werden. Wenn er einen Wutanfall bekommt, hat er solche Kräfte, dass er kaum zu bändigen ist. Die Großeltern trauen sich deshalb nicht mehr, ihn allein zu betreuen. Die Mütter sind verzweifelt. Ihr Alltag ist stressig und sie haben kaum noch Zeit füreinander. Außerdem streiten sie viel. Zärtlichkeit und Sexualität spielen kaum noch eine Rolle in ihrer Beziehung. Da sich das Ehepaar Melni-Weise sicher ist, dass sie sich noch lieben, suchen sie einen Paartherapeuten auf. In wöchentlichen Gesprächen klären sie, was ihnen fehlt und wie sie den Alltag besser organisieren können. Um mehr Zeit füreinander zu haben, entscheiden sie, Julian zweimal im Monat vom Familienentlastenden Dienst (mehr dazu in Kap. 3 Der Pflegegrad) betreuen zu lassen. Diese Tage nutzen sie zur Entspannung und für gemeinsame Aktivitäten. Die Beziehung verbessert sich. Frau Melni und Frau Weise denken sogar über ein weiteres Kind nach.*

Die Verfestigung von Rollen: Heutzutage werden Familien diverser. Klassische Rollenklischees lösen sich langsam auf. Frauen gehen genauso selbstverständlich arbeiten wie Männer. Männer übernehmen zunehmend mehr sogenannte Care-Arbeit im Haushalt und bei der Kindererziehung. Hat ein Kind jedoch eine Behinderung und ist pflegebedürftig, rutschen heterosexuelle Paare – meist ungewollt – wieder stärker in feste Rollen. Meist sind es die Mütter, die die Hauptlast bei der Pflege des Kindes tragen. Häufig reduzieren sie ihre Arbeitszeit, um sich noch mehr ihrem Kind widmen und wichtige Therapien wahrnehmen zu können. Das kann zu Frust und Erschöpfung führen. Die Väter dagegen müssen zum Teil die zusätzliche finanzielle Belastung durch vermehrte Arbeit ausgleichen und entfernen sich so vom Familienleben. Manchmal fehlt ihnen die Nähe und Aufmerksamkeit ihrer Partnerin, die sich scheinbar nur noch um das Kind kümmert. Die häufige Abwesenheit des arbeitenden Elternteils von zu Hause kann zudem dazu führen, dass dieser die Diagnose seines Kindes schwerer annehmen und verarbeiten kann.

Wenn sich Ärger und Überforderung breitmachen, sollten Sie unbedingt das Gespräch zueinander suchen. Teilen Sie Ihre Gefühle und Bedürfnisse mit! Auch wenn Sie es sich noch so sehr wünschen, Ihr Partner bzw. Ihre Partnerin kann nicht wissen, wie es Ihnen geht und was Sie gerade brauchen. Beschreiten Sie gemeinsam neue Wege und versuchen Sie, die Verantwortlichkeiten gerecht aufzuteilen.

Beispiel

Herr Meier und Frau Kant *haben drei Kinder. Seit einigen Monaten wissen sie, dass ihre mittlere Tochter Clara (5 Jahre) eine geistige Behinderung hat. Nach der Diagnosestellung entschied sich Frau Kant, weniger zu arbeiten, um Clara besser fördern und all die Therapie- und Arzttermine wahrzunehmen zu können. Herr Meier arbeitet weiterhin ganztags, um genug Geld für die Familie zu verdienen. Um seinen Stress abzubauen, geht er jeden Abend joggen. Frau Kant fühlt sich benachteiligt. Sie wirft ihrem Mann vor, dass die ganze Arbeit mit den Kindern an ihr hängen bleibt und dass er kaum noch Zeit für sie hat. Herr Meier setzt entgegen, dass sie sich ja gar nicht mehr für ihn interessiere und all seine Arbeit nicht wertschätze. In langen Gesprächen finden sie Kompromisse: Herr Meier wird ab jetzt nur noch dreimal pro Woche joggen gehen und sich abends mehr um die Kinder kümmern. Frau Kant bittet ihre Eltern, die drei Kinder einmal pro Woche zu betreuen. An diesen Abenden gehen Herr Meier und Frau Kant gemeinsam essen und besprechen, was ihnen wichtig ist.*

So überstehen Sie auch den stärksten Sturm – Tipps für Ihre Beziehung

Wenn man schon viele Jahre zusammenlebt und miteinander den Alltag teilt, kann es manchmal in Vergessenheit geraten, wie sehr man einander liebt. Häufig reichen bereits kleine Zeichen der Wertschätzung und Zuneigung, um dies sich selbst und der verpartnerten Person in Erinnerung zu rufen:

Nehmen Sie sich Zeit füreinander: Zeit für gemeinsame Gespräche und Aktivitäten sind die Grundlage jeder guten Beziehung. Schaffen Sie sich immer wieder kleine Inseln im Alltag, in denen Sie bewusst Zeit miteinander verbringen. Suchen Sie dafür am besten nach einer regelmäßigen Betreuungsmöglichkeit für Ihr Kind.

Nutzen Sie Gesten der Zärtlichkeit: Im hektischen Familienalltag bleibt manchmal wenig Zeit für Erotik und Sexualität. Doch auch kleine Gesten der Intimität können ihr Wohlbefinden steigern. Ein Kuss oder eine Umarmung im Vorübergehen kostet nicht viel Zeit, aber festigt Ihre körperliche Bindung.

Bedanken Sie sich: Ihr Mann hat das Chaos in der Küche beseitigt? Ihre Partnerin hat den lästigen Elternabendtermin übernommen? Es gibt viele Gründe, dankbar zu sein. Zeigen Sie sich das und sagen Sie ausdrücklich „Danke!".

Achten Sie gut auf sich selbst: Viele Menschen erwarten in einer Partnerschaft, dass ihr Gegenüber ihre Probleme löst und sie glücklich macht. In einer erwachsenen Beziehung ist es aber vielmehr umgekehrt. Nur wer gut auf sich selbst achtet und seine Probleme eigenverantwortlich löst, kann eine dauerhafte und stabile Partnerschaft auf Augenhöhe führen. Übernehmen

Sie deshalb mehr Eigenverantwortung. Lösen Sie Ihre Probleme selbst und setzen Sie bewusst Grenzen. Ihr Partner wird das wertschätzen.

Vergeben Sie sich gegenseitig: In langfristigen Beziehungen bleiben Verletzungen nicht aus. Ein unbedachtes Wort im Streit, eine verletzende Handlung – schon Kleinigkeiten können sehr schmerzhaft sein. Ebenso wichtig wie um Entschuldigung bitten zu können, ist es deshalb, dem anderen ernsthaft zu vergeben. Verstricken Sie sich nicht in Schuldzuweisungen und Vorwürfen. Besprechen Sie Verletzungen und vergeben Sie sich ehrlich.

„Gelingende Beziehungen hängen damit zusammen, dass die Grenzen des Partners beachtet werden, ohne dass die eigene Freiheit leidet, ihm Wünsche mitzuteilen, ehe sie sozusagen sauer geworden sind und sich in Vorwürfe verwandelt haben.“ (Schmidbauer 2002, 93)

Trennung und Scheidung – dürfen wir das unseren Kindern antun?

Manche Krisen können nicht gelöst werden. Die Verletzungen sind zu groß, die Gemeinsamkeiten zu gering. Man entfernt sich voneinander. In solchen Fällen kann eine Trennung manchmal die beste Lösung für alle Beteiligten sein. Zwar leiden Kinder unter der Trennung der Eltern; wenn diese jedoch weiterhin einen angemessenen Umgang miteinander pflegen, können sie sich an die neue Situation gewöhnen und sich positiv entwickeln. Wichtig ist, dass die Kinder weiterhin einen geregelten Alltag erleben und ein liebevoller Kontakt zu beiden Elternteilen besteht. Ein Hineinziehen der Kinder in die Paarkonflikte sollte unbedingt vermieden werden. Bevor Sie einen endgültigen Entschluss fassen, ist es sinnvoll, eine Paarberatung aufzusuchen. Manchmal finden sich hier noch überraschende Lösungen. Kompetente Beratung zu Fragen des Sorgerechts und zur Umgangsgestaltung erhalten Sie in Erziehungsberatungsstellen oder beim Jugendamt. Hier kann auch eine Vermittlung zwischen den Eltern durch eine unbeteiligte dritte Person erfolgen. Dies nennt man Mediation.

Einen Buchtipp zu diesem Thema finden Sie in Kap. 5 Literatur zum Weiterlesen.

Wie man richtig streitet – die Grundregeln erfolgreicher Kommunikation

Das haben Sie bestimmt schon oft gehört: Eine gute Kommunikation ist die Grundlage dafür, dass eine Beziehung funktioniert. Doch gerade in konflikthaften Situationen fällt es uns meist besonders schwer, die richtigen Worte zu finden. Viele Menschen sind nicht darin geübt, in einer Beziehung offen über Gefühle, Bedürfnisse und Wünsche zu sprechen. Wenn es dann zu einem Streit kommt, werden schnell Grenzen überschritten. Wir sagen Dinge, die wir lieber nicht gesagt hätten, oder bleiben stumm. Dadurch kann es passieren, dass Konflikte über lange Zeit nicht geklärt werden und sich die Fronten verhärten.

Folgende **Gesprächsregeln** helfen Ihnen dabei, Konflikte konstruktiv zu lösen:

Nehmen Sie sich ausreichend Zeit: Manche Streitfragen treten immer wieder auf. Sie lassen sich nicht einfach am Kaffeetisch klären. Verabreden Sie sich stattdessen zu einem festen Termin am besten an einem neutralen Ort und nehmen Sie sich ausreichend Zeit für ein Gespräch.

Lernen Sie zuzuhören: „Du hörst mir nie richtig zu!", ist ein Vorwurf, den sich viele verpartnerte Personen machen. Oft ist etwas Wahres dran. Sei es, weil wir abgelenkt sind oder weil wir manches gar nicht hören wollen. Wenn aber keine Person der anderen zuhört, helfen auch die besten Argumente nicht. Üben Sie sich darin, dem Menschen, mit dem Sie in einer Partnerschaft leben, aufmerksam zuzuhören und melden Sie zurück, was Sie verstanden haben.

Lieber „Ich“ statt „Du“: Der Esel nennt sich immer zuerst? Nicht unbedingt. Beim Streiten ist es besser, wenn Sie von sich selbst sprechen. Formulieren Sie, wie Sie sich fühlen und was Sie brauchen. Vorwürfe wie „Du bist immer so…“ oder „Nie tust du…“ können verletzen und entsprechen meist nicht der ganzen Wahrheit. Formulieren Sie stattdessen besser so: „Wenn du…, dann fühle ich mich…“

Bitten Sie um das, was Sie brauchen: Marshall B. Rosenberg (2016) empfiehlt in seinem Klassiker „Gewaltfreie Kommunikation“ statt Forderungen an das Gegenüber besser Bitten zu formulieren. Diese sollten so konkret wie möglich sein. Zum Beispiel: „Ich bitte dich, dass du nächste Woche zum Elternabend gehst“ oder „Ich bitte dich, dass du mich jeden Abend fragst, wie mein Tag war“. Eine als Bitte formulierte Forderung gewährt Ihrem Partner die Möglichkeit, ehrlich „Ja“ zu sagen, aber auch, die Bitte abzulehnen.

Bleiben Sie sachlich. Vermeiden Sie Abwertungen und Beleidigungen: Im Eifer des Gefechts kommen uns manchmal Worte über die Lippen, die wir hinterher gern zurücknehmen würden. Die Erinnerung daran kann Ihren Partner bzw. Ihre Partnerin noch jahrelang verletzen. Es ist deshalb empfehlenswert, eine hitzige Diskussion zu unterbrechen und erst dann weiterzusprechen, wenn sich beide beruhigt haben.

Schweigen ist Gold: Bei den meisten Paaren gibt es einige Konfliktherde und Streitfragen, die immer wieder auftauchen. Seien es die schmutzigen Socken auf dem Fußboden oder die Frage, wie viele Süßigkeiten die Kinder essen dürfen. Dabei ist es manchmal die beste Lösung, den Streit beiseitezulegen. Akzeptieren Sie die anstrengenden Seiten der bzw. des anderen und freuen Sie sich an all den Eigenschaften, die sie bzw. ihn für Sie so wertvoll und einmalig machen.

Einen Tipp für die Lektüre zu diesem Thema finden Sie in Kap. 5 Literatur zum Weiterlesen.

Raus aus dem Schatten – Geschwisterkinder im Blick behalten

Fragt man die Eltern eines Kindes mit Behinderung nach dem Befinden der gesunden Geschwisterkinder, so erhält man häufig ähnliche Antworten: Das Kind sei „sehr pflegeleicht" und „vollkommen unproblematisch". Es „laufe mit" und „falle kaum auf". Es „funktioniere". Da die Geschwisterkinder so selten im Zentrum der Aufmerksamkeit stehen, bezeichnen manche Fachleute sie als **„Schattenkinder"**.

Den meisten Eltern ist bewusst, dass die Situation für ihre gesunden Kinder schwierig ist und dass diese darunter leiden, weniger Zeit und Aufmerksamkeit zu erhalten. Zum Glück gibt es einige Maßnahmen, die Ihnen helfen können, auch den Geschwisterkindern ein weitgehend unbeschwertes und glückliches Aufwachsen zu ermöglichen.

Die besondere Situation der Geschwisterkinder

Alle Geschwister einer Familie stehen in einem natürlichen Konkurrenzverhältnis. Sie konkurrieren um die Liebe und Aufmerksamkeit ihrer Eltern. Das ist vollkommen normal. Die Natur hat vorgesehen, dass Kinder alles dafür geben, so viel wie möglich Fürsorge von ihren Eltern zu erhalten. Dabei fühlt sich jedes einzelne Kind gelegentlich unfair behandelt oder zu kurz gekommen – selbst dann, wenn sich Mütter und Väter große Mühe geben, alle gleich zu behandeln. Üblicherweise hat in diesem Konkurrenzkampf jedes Kind aber auch immer mal wieder Erfolgserlebnisse: „Mal gewinne ich und mal der andere." Wenn dieser Prozess normal verläuft, finden viele Geschwister als Erwachsene zu einem positiven und gesunden Verhältnis zueinander.

Konkurrenz gehört dazu.

Hat eines der Kinder jedoch eine geistige Behinderung, so kommt es zu einem Ungleichgewicht im Konkurrenzkampf. Da ein Kind offensichtlich benachteiligt ist, muss sich das andere des Öfteren zurücknehmen. Es kann nicht immer für sein Recht kämpfen. Viele Kinder nehmen zudem sehr genau wahr, wie sich ihre Eltern fühlen. Ist der Druck zu hoch, wird das gesunde Kind versuchen, ein Verhalten zu zeigen, dass die Eltern entlastet. Möglicherweise wird es sehr ruhig sein und häufig alleine spielen. Oder es zeigt ein besonders sonniges und fröhliches Verhalten, heitert die Eltern auf und unterstützt sie sogar bei der Pflege des Geschwisterkindes. Für die Eltern ist es meist gar nicht so leicht zu erkennen, ob das gesunde Kind all dies tut, weil es Freude daran hat oder weil es den Eltern gefallen will.

Geschwister stecken oft zurück

Wenn sich ein Kind zu sehr verbiegt und nur gefallen möchte, birgt das die Gefahr, dass es eigene Entwicklungsaufgaben nicht erfüllen kann. Hierzu zählen z.B. das Entwickeln eigener Interessen, der Aufbau eines gesunden Selbstwertgefühls und schließlich die Ablösung von den Eltern.

Ich empfehle Ihnen deshalb, auch Ihre gesunden Kinder gut zu beobachten. Bekommen sie wirklich die Aufmerksamkeit und Fürsorge, die sie benötigen? Haben Sie genügend Zeit für ihre gesunden Kinder? Oder müssen diese möglicherweise immer wieder Kompromisse eingehen?

Wie Sie Ihr gesundes Kind unterstützen

Beispiel

Stanislava (8 Jahre) *hat eine Schwester mit Intelligenzminderung. Obwohl die Schwester bereits 12 Jahre alt ist, spielt sie noch mit Puppen und Bausteinen. Wenn sie Therapien hat, muss Stanislava mitgehen, da sonst niemand zu Hause wäre, der auf sie aufpasst. Beim Spielen stört ihre Schwester sie oft; manchmal macht sie Stanislavas Sachen kaputt oder haut sie. Stanislava traut sich nicht, sich zu beschweren. Manchmal ist sie traurig, zieht sich in ihr Zimmer zurück und weint. Die Eltern merken, dass Stanislava oft zu kurz kommt. Sie ermutigen sie, ihre Bedürfnisse offen zu äußern. Stanislava sagt, dass sie gern einmal etwas allein mit den Eltern unternehmen möchte und dass sie gern reiten lernen möchte. Die Eltern sind einverstanden. Alle 14 Tage geht der Vater nun mit Stanislava auf einen Reiterhof. Und einmal im Monat organisieren die Eltern eine Betreuung für die Schwester und verbringen einen Tag ganz allein mit Stanislava.*

Das Geschwisterkind eines Kindes mit geistiger Behinderung muss viel mehr Rücksicht nehmen als Kinder in anderen Familien. Außerdem spürt es, dass es immer wieder Zeiten gibt, in denen die Belastung für die Eltern extrem hoch ist. Das betrifft sowohl die emotionale Beanspruchung als auch den Zeitdruck durch die Betreuung des Kindes mit Behinderung.

Machen Sie sich keine Vorwürfe, wenn Sie zeitweilig den Eindruck haben, dass Ihr gesundes Kind zu kurz kommt. Dies passiert in allen Familien ab und an. Zum Glück tragen alle Kinder zahlreiche Kraftquellen in sich, die ihnen helfen, auch schwierige Lebensphasen gesund zu überstehen. Diese besondere Widerstandskraft nennt man in der Fachsprache **Resilienz**. Außerdem können Sie einiges tun, um Ihrem Kind zu helfen:

Sprechen Sie ehrlich mit Ihrem Kind: Je nachdem wie alt das Kind ist, kann es bereits verstehen, warum sein Geschwisterkind so besonders ist. Möglicherweise wird es schon hier und da gehört haben, dass dieses „eine Behinderung“ habe. Das kann Unsicherheiten auslösen. Es ist deshalb empfehlenswert, mit dem gesunden Kind offen über die Beeinträchtigung des Geschwisterkindes zu sprechen. Wenn das gesunde Kind noch sehr klein ist, können Sie ihm zum Beispiel erklären, dass das Geschwisterkind eine Krankheit hat und deswegen manche Dinge noch nicht so gut kann oder manchmal ein komisches Verhalten zeigt. Je älter Ihr Kind ist, desto genauer können Sie erklären, was eine geistige Behinderung ist. Ermutigen Sie Ihr Kind, Fragen zu stellen, und auch über das zu sprechen, was es am Geschwisterkind manchmal stört.

Schenken Sie Ihrem Kind „Extra-Zeit“: Alle Kinder profitieren davon, wenn sie gelegentlich mit ihren Eltern oder einem einzelnen Elternteil allein Zeit verbringen können. Versuchen Sie deshalb, auch mit dem gesunden Kind regelmäßig etwas nur zu zweit zu unternehmen. Sie müssen keine besonderen Aktivitäten planen. Nehmen Sie sich einfach Zeit, mit Ihrem Kind zu sprechen und zu spielen. Und versuchen Sie dabei, ihm die volle Aufmerksamkeit zu schenken. Auch kleinere Erledigungen (z.B. ein Einkauf) können als gemeinsame Aktivitäten genutzt werden. Ab und zu sollten kleine „Highlights“ eingebaut werden, z.B. der Besuch in einem Freizeitpark oder eine gemeinsame Shoppingtour.

Beziehen Sie Helfende mit ein: Viele Eltern sind im Alltag sehr belastet und schaffen es nicht, jedem Kind regelmäßig diese „Extra-Zeit" zu ermöglichen. In diesem Fall können Sie sich Hilfe suchen. Vielleicht gibt es in der Verwandtschaft oder Bekanntschaft eine Person, die bereit ist, regelmäßig Zeit mit Ihrem gesunden Kind zu verbringen und ihm besondere Erlebnisse zu ermöglichen. Solche **Patenschaften** können vieles ausgleichen. Wenn Sie in Ihrer Bekanntschaft niemanden finden, kann diese Rolle auch eine professionelle Hilfsperson übernehmen. In vielen Regionen gibt es Patenprogramme, bei denen Menschen ehrenamtlich ihre Unterstützung anbieten. Auch über das Jugendamt können Hilfen vermittelt werden. Manche Selbsthilfevereine bieten Gruppen für Geschwisterkinder an.

Ermutigen Sie Ihr Kind, eigene Wege zu gehen: Wie bereits erwähnt, neigen viele Geschwisterkinder dazu, ihre eigenen Interessen und Bedürfnisse zurückzustellen. Fragen Sie Ihr Kind deshalb regelmäßig, welche Wünsche es hat und welche Ziele es gern verwirklichen möchte. Dies könnte z.B. der Eintritt in einen Sportverein, das Erlernen eines Musikinstruments oder der Ausflug zu einem besonderen Ort sein. Versuchen Sie, Ihr Kind beim Erreichen seiner Träume zu unterstützen, soweit dies sinnvoll und möglich ist.

Beispiel

Justin (13 Jahre) *hat einen fünfjährigen Bruder mit dem Down-Syndrom. Seit der Bruder geboren wurde, verbringen die Eltern sehr viel Zeit bei ärztlichen und therapeutischen Fachkräften. Justin hat das Gefühl, dass sie sich gar nicht mehr für ihn interessieren. Neuerdings trifft er sich mit älteren Jungen aus dem Ort. Sie trinken Alkohol und ziehen durch die Straßen. Zu Hause fängt Justin häufig Streitereien an. Die Eltern sind besorgt. Sie stellen Justin bei einem Kinderpsychologen vor. Nach einem langen Gespräch mit dem Jungen sagt der Psychologe, dass Justin sich mehr Aufmerksamkeit von den Eltern wünscht. Justin beginnt eine Psychotherapie und spricht dort über seine Belastung durch die Erkrankung des Bruders. Die Gespräche tun ihm gut. Einmal im Monat trifft sich der Psychotherapeut auch mit den Eltern und erklärt ihnen die emotionale Lage ihres Sohnes. In der Familie wird nun viel offener über die Situation gesprochen. Der Vater plant mit Justin einen gemeinsamen Urlaub in den Bergen. Eine Woche lang wollen sich „die Männer“ dort allein durchschlagen. Es wird ein ganz besonderes Erlebnis.*

Holen Sie sich professionelle Hilfe: Manchmal zeigen Geschwisterkinder extreme Verhaltensweisen, welche die Eltern in Sorge versetzen. Wenn Sie das Gefühl haben, dass es Ihrem Kind sehr schlecht geht oder dass es psychische Beschwerden entwickelt, sollten Sie sich professionelle Hilfe holen. Hierfür gibt es zahlreiche Ansprechpersonen. Hilfreich kann z.B. eine Familien- und Erziehungsberatungsstelle sein. Wenn Sie den Eindruck haben, dass bereits eine psychische Störung besteht, sollten Sie eine Kinder- und Jugendlichenpsychotherapeutin, einen Kinder- und Jugendlichenpsychotherapeuten oder eine ärztliche Fachkraft für Kinder- und Jugendpsychiatrie aufsuchen. Auch einige Sozialpädiatrische Zentren bieten Beratung und Begleitung für Geschwisterkinder an.

Begrüßen Sie auch unangemessenes Verhalten: Dieser Rat klingt sicher etwas merkwürdig. Natürlich wünschen sich alle Eltern, dass ihre Kinder sich angemessen verhalten und somit ihren Platz in der Gesellschaft finden. Erziehung ist deshalb so wichtig. Insgesamt gilt unter psychologischen Fachkräften aber die Regel, dass es ungewöhnlich ist, wenn ein Kind immer lieb und brav ist. Es ist ganz normal, dass Kinder ab und zu etwas Unerlaubtes tun, offen ihre Wut zeigen oder einen Streit beginnen. Insbesondere kleine Kinder können ihre Emotionen noch nicht gut selbstständig regulieren und neigen deshalb gelegentlich zu emotionalen Ausbrüchen. Es ist also völlig in Ordnung, wenn auch Ihr gesundes Kind ab und zu unangemessenes Verhalten zeigt. Natürlich sollten Sie Ihr Kind dafür nicht loben, aber Sie sollten es auch nicht übermäßig bestrafen. Auf ein Fehlverhalten sollte eine angemessene Konsequenz folgen. Ihr Kind sollte immer das Gefühl haben, dass es geliebt wird, so wie es ist – auch wenn Ihnen sein Verhalten manchmal nicht gefällt.

Trotz aller Sorge um das Kind mit Behinderung ist es wichtig, die gesunden Geschwisterkinder im Blick zu behalten. Wie bereits erwähnt, ist es manchmal leider nicht möglich, allen vollkommen gerecht zu werden. Dies ist jedoch kein Grund für Schuldgefühle. Ich bin sicher, dass sich Ihre Kinder trotz aller Belastungen gut entwickeln werden, wenn Sie Ihnen zeigen, dass Sie sie lieben und dass sie Ihnen wichtig sind. Machen Sie sich selbst immer wieder bewusst, dass Ihre Familie in einer ganz besonderen Lage ist. Vergleichen Sie sich nicht mit anderen Familien. Seien sie stolz auf alles, was Sie für Ihre Kinder leisten.

Mütter und Väter müssen nicht perfekt sein.

Einen Buchtipp zum Thema Geschwisterkinder finden Sie in Kap. 5 Literatur zum Weiterlesen.

Hilfreiche Kontakte aufbauen – der Umgang mit dem sozialen Umfeld

Beziehungen als Kraftquelle

Fast alle Menschen brauchen gute Beziehungen zu Bekannten, Verwandten und Menschen aus ihrem Freundeskreis, um sich glücklich und zufrieden zu fühlen. Dabei können diese Beziehungen ganz unterschiedlich aussehen. Mit manchen Menschen teilen wir Interessen und unternehmen viel gemeinsam. Andere bieten uns vor allem praktische Unterstützung im Alltag. Und mit einigen Menschen teilen wir tiefe und intime Beziehungen, in denen wir offen über unsere Gedanken und Gefühle sprechen können.

Als Eltern eines Kindes mit Behinderung sind Sie besonders stark auf tragfähige und unterstützende Beziehungen angewiesen. Leider erleben viele Eltern gerade nach der Diagnosemitteilung das Gegenteil: Bekannte, Freundinnen und Freunde reagieren unpassend oder wenden sich ab. Grund hierfür sind oft Unsicherheiten und Ängste. Oft ist es aber auch so, dass die Eltern selbst Schwierigkeiten haben, soziale Kontakte aufrechtzuerhalten und um Hilfe zu bitten. Wie Sie in dieser Situation Ihr soziales Netz erhalten können und wie neue, wertvolle Beziehungen entstehen, erfahren Sie im folgenden Abschnitt.

Verwandte und Freundeskreis – wie Sie den Kontakt aufrechterhalten und um Unterstützung bitten

Geht es Ihnen auch so wie vielen Eltern, dass Sie sich Unterstützung durch Verwandte und Menschen aus Ihrem Freundeskreis wünschen? Am besten wäre es doch, wenn die anderen einfach spüren könnten, was Sie brauchen, und es Ihnen geben: im Haushalt helfen, Geschwisterkinder betreuen, zuhören und trösten. Leider lassen sich solche Hilfen nicht einfach herbeiwünschen – Sie hätten im umgekehrten Fall möglicherweise auch nicht diese treffsichere Intuition.

Stattdessen tritt in vielen Beziehungen zunächst Stille ein. Manche Bekannte ziehen sich ganz zurück. Die Gründe hierfür sind vielfältig. Es gibt Menschen, die möchten Ihnen Respekt erweisen, indem Sie sie nicht mit aufdringlichen Fragen bedrängen. Andere wollen zwar helfen, wissen aber nicht, ob das gewünscht ist und was sie tun können. Manche haben auch Angst, dass sie etwas falsch machen könnten, wenn sie ein Kind mit Behinderung betreuen. Als Eltern ist es deshalb wichtig, dass Sie selbst die Initiative ergreifen.

Teilen Sie Informationen über die Beeinträchtigung Ihres Kindes: Nicht nur Sie selbst waren am Anfang unsicher, was die Diagnose geistige Behinderung bedeutet; auch Freundinnen, Freunde und Verwandte tappen oft im Dunkeln. Gerade in der älteren Generation gibt es noch viele falsche Vorstellungen, wonach eine geistige Behinderung lebenslanges Leid und Abhängigkeit bedeutet. Sprechen Sie deshalb mit den Menschen, die Ihnen wichtig sind, über die Diagnose und teilen Sie Ihr Wissen. Vielleicht möchten Sie Ihnen sogar dieses Buch empfehlen. Überlegen Sie jedoch zuvor, wem Sie welche Informationen geben. Nicht jede Verwandte oder jeder Bekannte muss alle Details kennen. Wenn es Ihnen zu umständlich erscheint, alle nahestehenden Personen einzeln zu informieren, können Sie auch einen Rundbrief bzw. eine E-Mail verschicken, worin Sie die wichtigsten Informationen über Ihr Kind und den Unterstützungsbedarf Ihrer Familie mitteilen.

Sagen Sie, was sie brauchen: Die wenigsten Menschen wissen, welche konkrete Hilfe Sie im Moment benötigen. Es ist deshalb hilfreich, wenn Sie selbstständig Kontakt suchen und um das bitten, was Sie brauchen. Sei es Hilfe bei der Kinderbetreuung, das Abnehmen einer Autofahrt oder einfach nur Zuhören. Viele Menschen werden Sie gern unterstützen, wenn Sie erst einmal eine konkrete Vorstellung davon haben, was Sie sich wünschen.

Nutzen Sie die Stärken Ihrer Mitmenschen: Jeder Mensch hat besondere Begabungen. Keiner kann alles. Bedenken Sie das, wenn Sie sich Hilfe von anderen wünschen. So kann es sein, dass Sie mit Ihrer Schwiegermutter nicht über Ihre Gefühle und Bedürfnisse sprechen können; dafür ist sie vielleicht bereit, Ihr Kind einmal wöchentlich zur Therapie zu fahren. Ein Freund traut sich vielleicht nicht zu, Ihr Kind zu betreuen; dafür möchte er Ihnen aber gern im Haushalt helfen. Wertschätzen Sie jedes Angebot. Erkennen Sie aber auch die Grenzen der anderen an.

Pflegen Sie Ihre Freundschaften: Es ist nicht selten, dass in der Zeit nach der Diagnosemitteilung Freundschaften leiden. Viele Eltern finden in dieser Zeit einfach nicht die Kraft, sich mit anderen zu treffen und an deren „normalem" Leben teilzuhaben. Manche Eltern haben auch Angst, in eine Opferrolle zu rutschen. Sobald Sie wieder bei Kräften sind, ist es empfehlenswert, Ihre Freundschaften neu zu beleben. Wertschätzende Beziehungen auf Augenhöhe können uns viel Kraft verleihen. Gemeinsame „Mädelsabende" oder Aktivitäten mit „den Kumpels" lassen Sie den stressigen Alltag für eine Zeit vergessen. Und auch Ihr Kind profitiert davon, wenn Sie beschwingt und mit neuer Energie zurückkehren.

Beenden Sie belastende Beziehungen: Manche Beziehungen tun uns gut, andere schaden eher. Gerade wenn wir Krisen erleben, bemerken wir recht schnell, auf wen wir uns wirklich verlassen können. Wir spüren aber auch umso stärker, welche Beziehungen uns belasten. Das können Menschen sein, die die Behinderung Ihres Kindes nicht akzeptieren wollen, die Ihnen womöglich Vorwürfe machen oder einfach nur ein schlechtes Gefühl hinterlassen. Dies ist dann besonders schwierig, wenn es Personen aus Ihrer eigenen Familie sind. Zu Ihrem eigenen Schutz und zum Wohl Ihres Kindes sollten Sie solche Kontakte einschränken. Reduzieren Sie die Treffen auf ein Minimum oder telefonieren bzw. schreiben Sie stattdessen. In manchen Fällen kann es auch notwendig werden, den Kontakt ganz abzubrechen. Das ist zwar sehr schmerzhaft; manchmal ist es aber für Sie selbst und Ihre Familie das Beste.

Tipp

→ *Bestimmen Sie eine **Patenperson**. Die Idee der Patenschaft stammt aus dem christlichen Glauben. Bei der Taufe erhält jedes Kind mindestens eine Patenperson, die es im Glauben unterweisen soll. Oftmals ist dies eine enge Bezugsperson, die intensiv am Leben des Kindes teilnimmt und die Eltern auch praktisch unterstützt. Auch wenn Sie keiner religiösen Gemeinschaft angehören, können Sie eine Patenperson für Ihr Kind bestimmen. Vielleicht kennen Sie eine Person in Ihrem Bekanntenkreis, die eine besondere Beziehung zu Ihrem Kind pflegt, keine Berührungsängste hat und gern Zeit mit ihm verbringt. Die Patenperson kann an allen wichtigen Feiern und Ereignissen teilnehmen. Vielleicht möchte sie Ihr Kind auch regelmäßig zu sich einladen oder Ausflüge mit ihm unternehmen. Dies ist nicht nur eine Entlastung für Ihre Familie, sondern auch eine besonders wertvolle Erfahrung für Ihr Kind.*

Ärztliches, therapeutisches und pädagogisches Personal – so helfen Sie den Helfenden

Wenn Sie ein Kind mit Behinderung haben, lernen Sie zahlreiche Menschen kennen, die bei der Betreuung und Förderung unterstützen können: ärztliche, therapeutische, psychologische und pflegerische Fachkräfte. Alle zusammen genommen sind Ihr professionelles „Hilfenetz". Die meisten Fachkräfte sind sehr engagiert und verlässlich. Sie werden dankbar für ihre Hilfe sein. Manche Kontakte gestalten sich aber auch unangenehm. Damit Helfende wirklich „hilfreich" sind, brauchen sie die Unterstützung der Eltern.

Informieren Sie genau: Wenn Sie neue ärztliche oder therapeutische Fachkräfte kennenlernen, sind diese darauf angewiesen, dass Sie ihnen viele Informationen über Ihr Kind liefern. Erstellen Sie deshalb am besten eine Mappe mit allen wichtigen Befunden und Arztberichten zu Ihrem Kind. Gern können Sie auch ein Informationsblatt mit Ihren eigenen Beobachtungen zu den Besonderheiten des Kindes hinzufügen. Falls Ihr Kind eine sehr seltene Krankheit hat, wissen die Fachkräfte zu Beginn meist ebenso wenig wie Sie. Geben Sie ihnen deshalb etwas Zeit, sich zu informieren.

Sagen Sie, was Sie brauchen: Es ist günstig, wenn Sie sich bereits vor dem Termin überlegen, welche Anliegen Sie der behandelnden Person mitteilen möchten. Geht es um Diagnostik, Therapien oder eine Entwicklungsbegleitung? Je konkreter Ihre Vorstellungen sind, desto besser kann Ihnen die Fachkraft helfen bzw. Sie an eine andere Stelle weiterverweisen.

Stellen Sie alle Fragen, die Sie haben: Scheuen Sie sich nie, all Ihre Fragen zu stellen – auch wenn sie Ihnen womöglich etwas dumm erscheinen. Ärztliche und therapeutische Fachkräfte sind oft im Stress. Dadurch kann es passieren, dass während eines Termins wichtige Themen nicht angesprochen werden. Stellen Sie vorab eine Fragenliste zusammen und helfen Sie der behandelnden Fachkraft notfalls auf die Sprünge.

Nehmen Sie nichts persönlich: Ärztliche Fachkräfte sind keine „Halbgottheiten in Weiß“. Auch ihr Wissen ist begrenzt. Genauso können psychologische und therapeutische Fachkräfte einmal unsicher werden oder sich im Ton vergreifen. Fast alle Eltern, die ein Kind mit Beeinträchtigungen haben, können Geschichten von unsensiblen Behandelnden erzählen.

Dennoch ist es ratsam, dies nicht allzu persönlich zu nehmen. Sprechen Sie Ihre Helferperson darauf an, wenn Sie mit einem Termin unzufrieden waren. Und machen Sie es konkret: Fanden Sie die Wortwahl unpassend? Fühlten Sie sich bevormundet? Oder haben Sie nicht die Informationen erhalten, die Sie brauchten? Die meisten ärztlichen und therapeutischen Fachkräfte sind dankbar für solche Hinweise. Falls es dennoch keine Einsicht gibt, können Sie jederzeit die behandelnde Person wechseln.

Bitten Sie um Vernetzung: Wenn Sie viele verschiedene ärztliche, psychologische und therapeutische Fachkräfte aufsuchen, kann es passieren, dass jede dieser Fachkräfte „ihr eigenes Süppchen“ kocht. Bitten Sie Ihr Hilfeteam deshalb, sich gegenseitig auszutauschen und die jeweiligen Behandlungen aufeinander abzustimmen.

Gleichgesinnte finden – Selbsthilfegruppen und Elternvereine

Es kann sein, dass Sie einen tollen Freundeskreis, eine unterstützende Familie und ein Netz von professionellen Helfenden haben – und doch das Gefühl bleibt, dass niemand Sie wirklich verstehen kann. Das ist nicht überraschend. Kein Mensch kann tatsächlich nachempfinden, was es heißt, ein Kind mit geistiger Behinderung aufzuziehen, wenn er es nicht selbst erlebt hat. Für viele Eltern ist es deshalb besonders wichtig und hilfreich, sich mit anderen Betroffenen auszutauschen. Gleichgesinnte finden Sie in Foren und Selbsthilfegruppen im Internet. Aber auch in den Betreuungs- und Fördereinrichtungen Ihres Kindes können Sie andere Eltern kennenlernen, die auf demselben Weg sind wie Sie. Solche Kontakte helfen Ihnen in vielfältiger Weise:

Das Wissen teilen: Mit anderen Eltern können Sie sich über alle relevanten Themen austauschen (Förderung, Finanzen, Unterstützung für die Familie u.v.m.). Niemand weiß besser über das Hilfesystem Bescheid als betroffene Eltern. Sobald Sie selbst erfahrener sind, können Sie anderen Müttern oder Vätern weiterhelfen.

Kontakte knüpfen: Nicht selten entstehen durch Elterngruppen tragfähige Freundschaften für die Erwachsenen und die Kinder. Mit anderen Betroffenen können Sie ganz offen über Ihre Belastung und Ihre Gefühle sprechen. Niemand wird Sie verurteilen oder Ihre Erfahrungen infrage stellen. Tatsächlich werden Sie viele Gemeinsamkeiten entdecken. In Selbsthilfegruppen müssen Sie nicht fürchten, bemitleidet zu werden – stattdessen werden Sie echtes Verständnis finden.

Einen Beitrag leisten: Viele Eltern nutzen Vereine und Selbsthilfegruppen, um die Gesellschaft über die Erkrankung ihres Kindes aufzuklären und sich für Forschung und Förderung stark zu machen. So kommen sie aus der Opferrolle und verwandeln ihre eigene schwere Erfahrung in etwas Wertvolles für andere.

Einen Buchtipp zum Thema finden Sie in Kap. 5 Literatur zum Weiterlesen.

5 Service

Literatur

Fachliteratur

AWMF online (2021): S2k Praxisleitlinie Intelligenzminderung. In: https://www.awmf.org/leitlinien/detail/ll/028-042.html, 30.05.2022

Biewer, G., Koenig, O. (2019): Personenkreis. In: Schäfer, H. (Hrsg.): Handbuch Förderschwerpunkt geistige Entwicklung. Beltz, Weinheim / Basel, 35–44

Brauer, A. (2021): Zusammentreffen: Genetik und Kinder– und Jugendpsychiatrie und -psychotherapie. In: Forum für Kinder– und Jugendpsychiatrie, Psychosomatik und Psychotherapie 2021 (2), 37–45

Dilling, H., Freyberger, H. J. (Hrsg.) (2019): Taschenführer zur ICD-10-Klassifikation psychischer Störungen. 9., aktualisierte Auflage entsprechend ICD-10-GM. Hogrefe, Bern

Fromm, E. (1980): Die Kunst des Liebens. Manesse, Zürich

Gazzaniga, M., Heatherton, T., Halpern, D. (2017): Psychologie. 1. Aufl. Beltz, Weinheim / Basel

Greß, J. (2018): Recht und Förderung für mein behindertes Kind. 3. Aufl. Beck-Rechtsberater im dtv, München

Juul, J. (2014): Unser Kind ist chronisch krank. Kraftquellen für die ganze Familie. Beltz, Weinheim / Basel

Pro Familia (2011): Sexualität und geistige Behinderung. 4. Aufl. In: https://www.profamilia.de / publikationen, 15.08.2022

Rosenberg, M. B. (2016): Gewaltfreie Kommunikation: Eine Sprache des Lebens. 12. Edition. Junfermann, Paderborn

Schmidbauer, W. (2002): Dranbleiben – die gelassene Art, Ziele zu erreichen. Herder, Freiburg im Breisgau

Schuchardt, E. (1982): Soziale Integration Behinderter. Bd. 1 Biographische Erfahrung und wissenschaftliche Theorie. 2., erweiterte Aufl. Georg Westermann, Braunschweig

Senckel, B. (2017): Du bist ein weiter Baum. Entwicklungschancen für geistig behinderte Menschen durch Beziehung. 5. Aufl. C. H. Beck, München

Straßburg, H.-M., Dacheneder, W., Kreß, W. (Hrsg.) (2000): Entwicklungsstörungen bei Kindern. 2. Aufl. Urban & Fischer, München / Jena

Tzschach, A., Ropers, H. H. (2007): Genetik der mentalen Retardierung. In: Deutsches Ärzteblatt 104 (20), 1400–1405

Literatur zum Weiterlesen

Die Entwicklung unterstützen

In diesem Buch erfahren Sie, wie Sie Ihr Kind in vielen Bereichen fördern, indem Sie es in alltägliche Haushaltsaufgaben mit einbeziehen. Es richtet sich vornehmlich an Eltern von Vorschulkindern. Für Kinder mit Intelligenzminderung kann es auch noch in höherem Alter erfolgreich eingesetzt werden. Besondere Lesefreude bereitet das Buch durch die anschaulichen und witzigen Illustrationen von Werner Tiki Küstenmacher:

Dernick, R., Küstenmacher, W. T. (2008): Topfit für die Schule durch kreatives Lernen im Familienalltag. 9. Aufl. Kösel, München

Sicherheit im Alltag

Bei dem Programm „Treatment and Education of Autistic and related Communication handicapped Children“ (deutsch: „Behandlung und pädagogische Förderung autistischer und in ähnlicher Weise kommunikationsbehinderter Kinder“) handelt es sich um ein umfangreiches Therapieprogramm für Kinder mit Autismus-Spektrum-Störungen, das ihnen die Orientierung im Alltag und die Handlungsplanung erleichtern soll. Die zahlreichen Übungen und Praxistipps können meist auch bei Kindern mit Intelligenzminderung erfolgreich eingesetzt werden:

Häußler, A. (2022): Der TEACCH Ansatz zur Förderung von Menschen mit Autismus. Einführung in Theorie und Praxis. 6., verbesserte Aufl. modernes lernen, Dortmund

Herausforderndes Verhalten

Eine Einführung in die häufigsten psychischen Störungen und gut geeignete Erziehungsmethoden finden Sie im folgenden Buch:

Staatsinstitut für Schulqualität und Bildungsforschung (Hrsg.) (2014):

Wenn Schüler mit geistiger Behinderung verhaltensauffällig sind. Konzepte und Praxisimpulse für Regel- und Förderschulen. Ernst Reinhardt, München

Über Sexualität aufklären

Liebevoll illustriert bietet dieses Buch erste Einblicke in die Themen körperliche Entwicklung, Liebe, Zeugung, Schwangerschaft und Geburt:

Geisler, D. (2010): War ich auch in Mamas Bauch? Aufklärung für Kinder ab 5. 3. Edition. Loewe, Bindlach

Dieses Buch richtet sich an Kinder ab 9 Jahren und ist mit seiner einfachen Sprache auch für Jugendliche mit geistiger Behinderung geeignet:

Doef, van der S. (2015): Wie ist das mit der Liebe? Fragen und Antworten zur Aufklärung für Kinder ab 9. 4. Aufl. Loewe, Bindlach

Hier finden Sie professionelles Aufklärungsmaterial für Jugendliche und junge Erwachsene mit geistiger Behinderung, das auch in Schulen und Seminaren eingesetzt werden kann:

Bundesvereinigung Lebenshilfe e.V. et al. (Hrsg.) (2014): Sexualpädagogische Materialien für die Arbeit mit geistig behinderten Menschen.
6. Aufl. Beltz Juventa, Weinheim

Auf der Website von profamilia finden Sie kostenlose Broschüren in Leichter Sprache. So können sich Jugendliche und junge Erwachsene selbst informieren:

https://www.profamilia.de/publikationen/themen/in-leichter-sprache

Dieses preisgekrönte Kinderbuch erklärt bereits kleinen Kindern, wie wichtig es ist, die eigenen Grenzen zu schützen. Viele Kinder lieben dieses Buch und möchten es immer wieder vorgelesen bekommen:

Pro Familia (Hrsg.), Geisler, D. (2020): Mein Körper gehört mir! Schutz vor Missbrauch für Kinder ab 5.
7. Edition. Loewe, Bindlach

Die Autorin Ilse Achilles hat einen Sohn mit geistiger Behinderung. Sie wurde erstmals mit seiner Sexualität konfrontiert, als ein Bademeister sie darauf hinwies, dass ihr Sohn öffentlich masturbiere. In diesem Buch beschreibt sie ihre eigenen Erfahrungen und die anderer Eltern und gibt Tipps für einen unaufgeregten Umgang mit dem Thema Sexualität:

Achilles, I. (2016): „Was macht Ihr Sohn denn da?“ Geistige Behinderung und Sexualität.
6. Aufl. Ernst Reinhardt, München

Soziale Hilfen

Diese kostenlose Broschüre bietet eine detaillierte Übersicht über alle Hilfen für Familien mit einem Kind mit Behinderung:

Kruse, K., Bundesverband für körper- und mehrfachbehinderte Menschen e.V. (2020): Mein Kind ist behindert – diese Hilfen gibt es. In: https://bvkm.de/ratgeber/mein-kind-ist-behindert-diese-hilfen-gibt-es-in-mehreren-sprachen/

Diese Übersicht über Rechte und Hilfen für Kinder mit Behinderung wurde von einem Anwalt für Sozialrecht verfasst, der seit über 20 Jahren Menschen mit Behinderung berät:

Greß, J. (2018): Recht und Förderung für mein behindertes Kind. 3. Aufl. Beck-Rechtsberater im dtv, München

Krisenverarbeitung

Elisabeth Reisch beschreibt in sieben Schritten, wie Menschen fähig werden, schwere Verluste zu verkraften und Lebenswünsche loszulassen. Sie gibt hierfür Alltagstipps und hilfreiche Meditationsübungen an die Hand:

Reisch, E. (2009): Wünsche loslassen – das Leben gewinnen. Das 7-Schritte-Programm für mehr innere Freiheit. Klett-Cotta, Stuttgart

Umgang mit belastenden Gefühlen

Lucinda Bassett litt jahrelang unter starken Angstgefühlen und Phobien. In ihrem Selbsthilferatgeber gibt sie viele praktische Tipps, wie Sie mit Angst besser umgehen können:

Bassett, L. (2012): Angstfrei leben. Das erfolgreiche Selbsthilfeprogramm gegen Stress und Panik. 11. Aufl. Beltz, Weinheim / Basel

Trennung der Eltern

Der bekannte Kinderarzt Remo Largo erklärt im Gespräch mit Monika Czernin, wie Kinder trotz einer Trennung gesund und glücklich aufwachsen können:

Largo, R. H., Czernin, M. (2015): Glückliche Scheidungskinder. Was Kinder nach der Trennung brauchen.
4. Edition. Piper, München / Berlin

Familienleben mit einem Kind mit Behinderung

Die Bloggerin Bella Berlin hat ein chronisch krankes Kind. In ihrem kurzweiligen Ratgeber beschreibt sie ihre eigenen Erfahrungen und die vieler anderer Familien. Sie gibt praktische Tipps, wie Sie als Paar mit der neuen Situation zurechtkommen können:

Berlin, B. (2021): Mein chronisch krankes Kind. Wie ihr die Diagnose verdaut, schwere Zeiten meistert und als Familie stark bleibt. Humboldt, Hannover

Geschwisterkinder

Ilse Achilles hat selbst ein Kind mit geistiger Behinderung. Einfühlsam beschreibt sie, wie sich die Geschwister fühlen und wie Eltern und Helfende sie unterstützen können:

Achilles, I. (2018): „… Und um mich kümmert sich keiner!“ Die Situation der Geschwister behinderter und chronisch kranker Kinder.
6. Aufl. Ernst Reinhardt, München

Gleichgesinnte finden

Das Ehepaar Sobel hat eine Tochter mit geistiger Behinderung. Die beiden beschreiben sachlich und informativ ihre Erfahrungen und die vielen hilfreichen Erkenntnisse, die sie gewonnen haben. In Kapitel 12 erfahren Sie, wie Sie sich erfolgreich mit anderen betroffenen Familien vernetzen können:

Sobel, A. u. S. (2018): Stärke fürs Leben gewinnen. So meistern Sie den Alltag mit einem behinderten Kind. Neufeld, Cuxhaven

Adressen und Anlaufstellen

Medizinische Anlaufstellen

Sozialpädiatrische Zentren
https://www.dgspj.de/institution/sozialpaediatrische-zentren

Humangenetik
https://www.genetik-info.de/

Medizinische Versorgungszentren für Erwachsene mit Behinderung
https://bagmzeb.de/mzeb-finden/

Hilfsverbände und Vereine

Bundesvereinigung Lebenshilfe e. V.
Email: bundesvereinigung@lebenshilfe.de
Website: www.lebenshilfe.de

alpha nova
https://www.alphanova.at/

Bundesverband für körper- und mehrfachbehinderte Menschen e. V.
Email: info@bvkm.de
Website: www.bvkm.de

Caritas
www.caritas.de
info@caritas.de
https://www.caritas.at/
https://www.caritas.ch/de/

Familienentlastender Dienst (FED)
https://www.familienratgeber.de/beratung-hilfe/hilfen-alltag/familienunterstuetzender-dienst.php

Informationsportal des „FASD Deutschland e. V."
https://www.fasd-deutschland.de/diagnostik-aerzte/

Insieme
https://insieme.ch/

intensiv kids
https://www.intensiv-kids.ch/

Lebenshilfe Österreich
https://www.lebenshilfe.at/

Stiftung visoparents
https://www.visoparents.ch/

Stiftung Lebenshilfe
https://www.stiftung-lebenshilfe.ch/home.php

Austauschforen für Eltern

www.rehakids.de
www.dasanderekind.ch
www.forum-munterbunt.de

Register

Hinweis: Soweit in diesem Werk eine Dosierung, Applikation oder Behandlungsweise erwähnt wird, darf der Leser zwar darauf vertrauen, dass die Autoren große Sorgfalt darauf verwandt haben, dass diese Angabe dem Wissensstand bei Fertigstellung des Werkes entspricht. Für Angaben über Dosierungsanweisungen und Applikationsformen oder sonstige Behandlungsempfehlungen kann vom Verlag jedoch keine Gewähr übernommen werden. – Die Wiedergabe von Gebrauchsnamen, Handelsnamen, Warenbezeichnungen usw. in diesem Werk berechtigt auch ohne besondere Kennzeichnungen nicht zu der Annahme, dass solche Namen im Sinne der Warenzeichen- und Markenschutz-Gesetzgebung als frei zu betrachten wären und daher von jedermann benutzt werden dürften.

Die Deutsche Nationalbibliothek verzeichnet diese Publikation in der Deutschen Nationalbibliografie; detaillierte bibliografische Daten sind im Internet über <http://dnb.d-nb.de> abrufbar.
ISBN 978-3-497-03215-0 (Print)
ISBN 978-3-497-61785-2 (PDF-E-Book)
ISBN 978-3-497-61786-9 (EPUB)

Printed in EU
Cover unter Verwendung eines Fotos von iStock.com/kali9 (Agenturfoto. Mit Models gestellt)
Satz: Katharina Ehle

Bildquellennachweis:
S. 6: © iStock.com/DenKuvaiev, S. 9: © iStock.com/LSOphoto, S. 40: © iStock.com/yacobchuk, S. 117: © iStock.com/monkeybusinessimages, S. 168: © iStock.com/Eleonora_os

Ernst Reinhardt Verlag, Kemnatenstr. 46, D-80639 München
Net: www.reinhardt-verlag.de E-Mail: info@reinhardt-verlag.de

Trickkiste für Eltern

Kerstin Bremken / Gisela Batliner
Praxistipps zu Hörgeräten und Cochlea-Implantaten
Vom Baby bis zum Teenager
Mit Online-Zusatzmaterial.
(»Kinder sind Kinder«; 44)
2021. 128 Seiten.
Innenteil vierfarbig.
(978-3-497-03023-1) kt

- **gut verständliche Hilfe für Eltern**
- **vom Alltag bis zum Urlaub an alles gedacht**
- **hilfreich für viele Altersgruppen**
- **inklusive Pflege, Wartung und Ersatz der Geräte**

Nach der Diagnose „Hörschädigung" ist es beruhigend zu wissen, dass dem eigenen Kind alle technischen Hilfen zur Verfügung stehen, die es benötigt. Gleichzeitig verwirrt die Vielfalt der Produkte und Anwendungsmöglichkeiten. Dieser Ratgeber bietet Eltern Orientierung – praxisnah und mit zahlreichen Beispielen.
Die Autorinnen geben nützliche Informationen über den Ablauf einer Versorgung mit Hörtechnik und einfach umsetzbare Tipps für den Alltag mit Hörgeräten und Cochlea-Implantaten – vom Baby- bis zum Teenageralter. So sind Eltern wie ihre Kinder bestens gerüstet für die auf sie zukommenden Herausforderungen.

reinhardt
www.reinhardt-verlag.de